촉각, 그 소외된 감각의 반격

촉각, 그 소외된 감각의 반격

유려한 지음

혜화동

차례

2장 촉각, 모험을 하다

3장 촉각, 소설이 되다

촉각의 언어들

접족이 뜸하다 접족을 끓다
스을 적시다 개인적 접촉 피다는
겨을 긁다 신경을 거스르 손져
를맞추다 기분이 좋아지 다회
점세한 손길 여성스러운 만 군
손아귀에 꼭 쥔 채 놓지 안정
다 닿다 손가락으로 끄적끄적하 어
사람을 건드리지 않 려
쓰다 죽을 힘을 다해 매달리 목서
구 파악하다 무감각하 직
을 어루만지다 마음이 움 구
실에서 동떨어져 있 두 히
투다 인연이 질기 사로잡
기종기 온기를 주다 후후 름
가죽이 벗겨지 피부 뜨
뻣뻣하다 차갑다 시원하 대디
죽죽하다 족족하 끄적 하거
온화하다 얼얼하다 예리 끈프
들하다 뽀송뽀송하 ㅁ 아
리다 짜릿하다 깨물다 이프

훈훈하다 피부에 와닿지 않다
후남 줍르이 자글자글하다 늘어ㅈ
원하다 뜨겁다 포근하다 따뜻
끄적대다 건조하다 녹이다
여리하다 매끄럽다 말랑말
미끄거리다 끈끈하다 감미
아프다 눌리다 오싹해지다
끔하다 뾰족하다 따갑다 간지
스마 벨벳 같다 날카롭다 비단
칠하다 가라앉히다 탄력적이다
삐죽하다 몸을 사리다 밀고
부비다 부둥켜안다 문지르
오므리다 빨다 움켜쥐다 기대
감지하다 첫발을 내딛다 기부
날(이) 서다 둔감하다 편
악수하다 입을 맞추다 눈
싸주다 토닥거리다 더듬거
뺨을 다독이다 쓰다듬다 껴안
고 타격을 입다 가시 돋친 각지
늘하다 겹겹하다 설들설들하
킹 말캉하다 폭신하다 톡

말의 차이 기숙이 벗겨지다 프시
렁거리다 뺏뺏하다 차갑다 차시
카 따스하다 죽죽하다 족족ㅎ
하다 약하다 온화하다 얼얼ㅎ
다 보들보들하다 뽀송뽀송ㅎ
ㅏ 발이 시리다 짜릿하다 깨물
리칼이 쭈뼛 서다 예민하다 따
ㅏ 거친 상남자 부드러운 카리
같은 좀털 같은 나긋나긋한 끼
를 발휘하다 받쳐 주다 지지리
신을 품다 팽팽하다 쭈뼛거리ㅎ
기다 세차다 요동치다 부딪ㄷ
비비다 잡아당기다 갖다대ㄷ
갖잡다 쥐다 늙다 깍지를 끼
두 그러뜨리다 긴장되다 민감ㅎ
다 감각적이다 찌르다 문지르
추다 꽉 끌어안다 어루만지다
ㅏ 팔짱을 끼다 드을 대고 앉
엉기다 도닥이다 한수 손을 얹서
운 털이 곤두서는 부대끼다 물
납작하다 근질근질하다 물렁하다
켜지다 오돌토돌하다 쫀득하다

이 책을

조봉예 여사님께

바칩니다.

가장 소외된
그러나 가장 진실한 감각

인간은 태어나서 죽는 날까지 일일이 기억할 수 없을 만큼 많은 것을 만지며 살아간다. 문득 나는 평소에 무엇을 만지며 살고 있는지, 손으로 잘할 수 있는 것은 무엇인지 생각해 본다. 별다른 감흥 없이 노트북 자판을 두드리는 일은 습관이 되었고 맨발로 흙을 밟은 기억은 너무 오래되었다. 노동하는 손을 통해서만 이루던 것은 이제 기계가 대신하지만 손의 감각은 그만큼 퇴화되는지도 모르겠다. 마스터^{artisan}라고 불리는 장인들의 수작업에서나 훈련하고 사유하는 손의 세계를 마주하지 않을까 싶다.

만진다는 것은 '피부에 닿아서 깨닫는다'는 촉각^{觸覺}의 감각을 말한다. 인간은 촉각으로 시작해서 촉각으로 끝난다고 단언할 수 있을 만큼 촉각 없이는 생명으로 존재할 수 없다. 나는 오래전 몇몇 계기들로 인해 촉각에 남다른 관심을 가져 왔다. 그 바탕에는 촉각이 가장 진실하고 정직한 감각이라고 여긴 것에서 비롯된다. 그러나 촉각만큼 간과되고 주목받지 못한 감각도 없기에 소외된 촉각을 새롭게 발견하는 데에 이 책을 쓴 목적이 있다.

그렇다고 촉각이 가장 중요한 감각이라거나 그 특출함이나 우월함을 말하려는 것은 아니다. 감각은 결국 공감각적으로 구동되어 자신과 세상을 이해하고 닿는 통로가 되어 주기 때문이다. 다만 촉각이 시각이나 청각에 비해 관심을 받지 못했다면 촉각의 풍부한 비전을 꿈꾸는 기회를 만들고 싶었다. 또한 예술에 있어서 시각 예술이나 사운드 아트는 있지만 '촉각 예술'이라는 말은 아직 없기에 촉각 예술의 영역을 새로이 기획해 보고 싶은 생각이 들었다. 촉각은 무엇보다 인간의 감정이나 정서적 측면과 직결되기에 나는 촉각 그 자체로 예술적이라고 생각한다.

이 책은 나의 사적인 고백으로 시작해서 촉각과 관련된 일상, 예술과 디자인, 동식물, 사회 이슈, 마케팅, 과학 기술에 이르기까지 한 번쯤 생각해 볼 만한 다양한 이야기를 담았다. 그와 더불어 촉각과 관련된 나의 단편 소설들도 함께 실었다.

발터 벤야민Walter Benjamin은 『기술복제 시대의 예술작품Das Kunstwerk im Zeitalter seiner technischen Reproduzierbarkeit』에서 영화 기술의 발달에 주목하며 온몸을 통해서 이루어지는 지각, 즉 시각 위주의 지각에서 촉각적 지각으로 훈련되는 새로운 지각의 신호를 언급한 바 있다. '미디어는 마사지'라고 생각한 마샬 맥루한Herbert Marshall McLuhan은 텔레비전을 통해 '촉각성'을 강조했다. 텔레비전에서 커피를 마시는 사람이 나오면 따뜻한 커피의 향과

옛날 서양화에 등장한 사람들의 몸짓과 표정을 살펴보자. 그림은 대상을 만지거
나 접촉하려는 순간을 포착하고 있다. 이들 사이에는 과연 어떤 일이 벌어진 것일
까? 이 작품의 제목은 「촉각」이다.

Philippe Mercier, The Sense of Touch, Oil on canvas, 1744 to 1747
사진 출처: https://britishart.yale.edu/

맛을 상상하듯, 다른 감각들로 확산되는 공통 감각이자 보편적 감각을 촉각성이라고 보았다. 그는 촉각이 사물과의 단순한 피부 접촉이 아니라 오감을 포함한 무의식 층의 감각까지 상호 작용하는 넓은 개념으로 생각했다.

종이 책을 읽는 것 역시 촉각을 필요로 하는 행위이다. 우리가 종이라는 공간에 담긴 텍스트를 보는 것은 단순히 글자를 읽는 시각적 지각만을 의미하지 않는다. 모든 감각을 동원한 상호 작용과 상상이며 텍스트라는 이미지를 수용하는 동안 신체에 기입하는 촉각적 체험이다. 나는 원고를 쓰는 동안 촉각적 글쓰기를 했다. 이 책을 손에 쥔 독자는 종이를 만지고 넘긴다. 눈을 통해서 종이에 담긴 글자들을 읽지만 동시에 밀도 있는 촉각적 읽기와 상상도 펼치게 되기를 바란다.

영어 단어 touch가 동사로 '만지다', 명사로는 '촉각'이라는 뜻 이외에도 '마음을 움직이다' 혹은 '감동시키다'의 뜻을 지니고 있음은 의미심장하다. 해결해야 할 문제들과 갈등이 가득 쌓인 사회에서 촉각의 어떤 면면들이 실마리를 찾는 데 도움을 줄 수 있지 않을까 생각한다. 또한 촉각의 다채로운 면모에서 영감을 받는다면 각자의 삶 속에서 남다른 시선으로 창의성을 발휘하는 작은 징검다리가 될 것이다.

촉각은 내가 좋아하는 고사성어 '낭중지추囊中之錐'와 닮아 있다. 주머니 속에 있는 송곳이라는 뜻으로, 뾰족한 송곳은 가만히 있어도 반드시 뚫고 비어져 나오듯이 뛰어난 재능과 능력을 가진 사람은 어떤 상황에 있어도 (혹은 숨어 있어도) 저절로 남의 눈

에 띄고 두각을 나타냄을 비유하는 말이다. 세상의 진정한 고수
는 어딘가에 숨어서 조용히 살아가지만 언젠가는 그 진가를 보
이기 마련이다. 낭중지추와 같은 촉각이 다가오는 시대에 새로운
힘을 발휘하리라 믿어 의심치 않는다. 잊혀진 촉각이 반격할 차
례이다. 촉각의 의미는 독자 개개인의 경험과 결부되어 완성될
것이다. *

2019년 가을
유려한

1
장

촉각, 눈을 뜨다

손에 대한
고백

촉각에 대한 최초의 기억은 네 살 무렵의 어느 쌀쌀한 봄날로 돌아간다. 그날 집 안에는 평소보다 어른들이 많았다. 그들의 칙칙한 외출복은 바깥 세계의 공기를 향수처럼 억지로 맡게 했고, 사람들의 말소리보다는 그 사이로 가라앉는 정적이 더 도드라졌다. 그 집에서 쉴 새 없이 재잘대며 움직이는 자는 네 살 난 아이뿐이었다. 마땅히 둘 곳 없는 어른들의 시선이 닿는 대상도, 딱히 할 말 없는 어른들이 택하는 대화의 소재도 그 아이였다. 그리하여 모두가 아이를 주목하였다. 발랄한 아이는 그들의 시선을 즐기며 이런저런 몸짓을 뽐내느라 정신이 없었다.

아빠가 아이에게 엄마와 동생을 보러 가자고 말씀하셨다. 태어난 지 얼마 되지 않은 동생은 아직 병원에 있었다. 아이는 신비로운 일을 앞두고 들뜬 망아지처럼 어른들 사이를 휘젓고 돌아다

녔다. 한동안 볼 수 없었던 엄마를 향한 그리움과 동생이라는 낯선 존재를 마주한다는 기대, 동시에 야릇한 두려움이 그리 만들었을 테다. 밖으로 나갈 채비를 하는 어른들은 옛 마을 입구에 서 있는 장승들처럼 기다랗게 보였다. 네 살의 아이는 고개를 뒤로 젖히고 올려다보아야 그들의 얼굴을 바로 볼 수 있었다. 장승들은 그런 아이를 내려다보며 알 수 없는 말을 주고받았다.

할머니들이 아이의 외출을 위해 옷장을 살피기 시작했고 어디로 튈지 모르는 아이를 붙들고 새 옷으로 갈아입히려 했다(친할머니, 외할머니라는 표현은 성차별적 언어로 이 표현을 쓰는 것을 지양하고자 아버지의 어머니는 노랑할머니, 어머니의 어머니는 푸른할머니로 쓰려 한다). 엄마는 요술 같은 손놀림으로 아이의 옷을 빠르게 갈아입혔으나 할머니들은 엄마가 될 수 없었다. 그녀들의 어색한 손길은 처음 보는 관절 인형에 옷을 입혀 보는 것처럼 서툴렀고 아이는 옷 입는 시간이 더디게만 느껴졌다.

문제는 스타킹을 입히는 과정에서 발생했다. 스타킹은 평소에 아이가 좋아하는 종목이 아니었다. 치마를 입히기로 한 두 할머니들의 손에는 흰 스타킹이 들렸다. 돌돌 말린 스타킹은 한 짝씩 아이에게 입혀졌다. 처음에는 노랑할머니가 아이의 왼 다리에 스타킹을 신겨 끌어올렸다. 종아리와 허벅지에 닿는 노랑할머니의 피부 감촉이 말랑말랑하고 보드라웠다. 이번에는 푸른할머니가 들고 있던 스타킹을 나머지 오른 다리에 꿰셨다. 푸른할머니의 거친 손길에 소스라치게 놀란 아이는 이렇게 소리치고 말았다.

"싫어! (노랑)할머니 손은 부드러운데 (푸른)할머니 손은 까칠

까칠해! 아파!"

단순 명료한 아이의 외침에 정적이 흘렀다. 어른들은 곧 허허허 어색한 웃음을 터뜨렸다. 푸른할머니의 멋쩍은 웃음과 표정이 아른거린다.

"그래? 할머니는 까칠까칠해?"

아이는 순간 무안하고 미안한 감정이 마음 깊은 곳에서 올라오는 것을 느꼈다. 물론 그 이전에도 그런 종류의 감정은 존재했겠지만 또렷하게 각인된 것은 그때가 처음이다. 두 할머니의 손을 대놓고 비교하는 일은 적절하지 않았음을 누가 가르쳐 주지 않아도 알았다. 아이는 어서 그 시간이 지나가길 바라며 얌전해졌다. 할머니들은 빠른 손놀림으로 아이의 옷을 마저 입히고 바깥으로 나섰다. 아주 오래전 일이 영화 장면처럼 남겨지다니 신기한 일이다.

나의 푸른할머니는 평생 농사일을 해 오셨다. 일제 강점기 시절 가족과 함께 일본으로 건너갔다가 해방 이후 한국으로 돌아와 할아버지와 결혼하셨다. 그리고 한평생 같은 곳에서 사시며 농사와 자녀 양육에 인생 전부를 바쳤다. 할머니는 지금도 자식들에게 쌀을 비롯한 각종 채소, 해산물, 과일 등 맛있는 먹을거리를 보내 주시곤 한다. 우리 가족이 손쉽게 받아 온 귀한 음식은 일생을 고단하게 일했던 할머니의 삶과 통째로 맞바꾼 것이다. 농사에 어설픈 로망을 품고 있다가 할머니의 농사일을 제대로 목격한 이후부터 더 이상 쉽게 말하지 않게 되었다.

할머니는 타인에게 자신의 손을 보이는 일을 망설이셨다. 잘나고 예쁜 손도 아닌데 책에 실리는 것이 부끄럽다며 고민하시다가 허락해 주셨다. 사진을 찍으면서 할머니의 손을 한 번 더 들여다보고 잡아 드렸는데, 마음이 이상했다. 사진 ⓒ 유려한

할머니는 지금 몸 여기저기가 편치 않다. 할아버지가 돌아가신 후에도 여전히 작은 밭농사를 하신다. 그만 쉬시라 권하여도 바삐 움직여야 살아 있는 것 같다고 하시니 말릴 수도 없다.

할머니의 두 손을 잡으면 손이라고 느껴지지 않는다. 고단한 세월은 할머니의 그을린 손과 얼굴에 고스란히 담겼다. 투박함을 넘어서 쇠처럼 굳어 버린 단단한 살결은 그녀의 삶을 말없이 증명한다. 새벽 같은 부지런함으로 쉼 없이 일하며 인내한 할머니의 갈라진 손톱에는 늘 흙이 박혀 있었다. 그것은 화석처럼 굳어져서 잘 떼어지지 않았다. 아니, 감히 뗄 엄두조차 내지 못했다. 할머니는 처음부터 그런 손을 가지지 않았다. 흑백 사진 속에는

희고 고운 얼굴에 보드라운 아기 손을 가진 젊은 여성이 있다.

나는 유독 이 할머니가 좋다. 여전히 강아지마냥 마음껏 애교 부리는 것도 할머니 앞에서는 가능하다. 할머니 댁 마당에서는 자유로운 댄서가 되어 개와 함께 춤을 추곤 하는데, 그런 나를 보고 할머니는 무척 즐거워하신다. 웃을 일이 별로 없는 할머니를 웃게 해 드리고 싶어서 더 격렬하고 와일드하게 춤을 추고 노래도 부른다. 앞으로 그럴 수 있는 시간이 얼마나 남아 있는지는 잘 모르겠다.

할머니는 내게 세상에서 가장 지혜로운 사람이다. 할머니를 통해서 지식보다는 지혜를 생각하게 된다. 그녀는 뒷산 가장 높은 절벽 위에서 부질없이 복작대는 인간 세계를 내려다보는 호랑이와 같다. 나는 호랑이 할머니의 현명한 선택과 따뜻한 행동을 보고 감탄할 때가 많았다. 언행이 가볍지 않고 명랑하며 인자하시되 무엇이 옳고 그른지 분별을 잘하신다. 센스 있는 그녀는 지금도 어딜 가나 환영 받는다. 할머니와 동네 병원에 함께 방문하면 간호사 분들이 입을 모아 할머니 칭찬을 하시곤 한다. 어른 같지 않은 어른이 더 많은 세상에 이토록 사랑스럽고 멋진 할머니가 내 곁에 있어서 다행이다. 그분이 쌓아 온 지혜를 배워서 닮아야 할 텐데 그저 부끄럽다.

나는 행복한 순간에도 이별을 생각해서 할머니를 잃어버리게 될 날과 그 이후에 남겨질 나를 자주 상상한다. 몇 년 전부터는 통화할 때마다 녹음을 해 두고 뵐 때마다 사진과 영상을 많이 찍기 시작했다. 할머니 댁에 가면 여전히 할머니의 볼을 어루만지고 팔뚝 살에 얼굴을 부비며 잠이 든다. 그럴 때 온전하다고 느끼는 동시에 서글퍼진다. 훗날 시각과 청각으로 그녀를 재생할 수는 있지만 그 넉넉한 품에 안길 수도, 꺼슬꺼슬한 손도 잡아드릴 수 없다는 것을 생각하면 벌써부터 마음이 아프다. 그래서 촉각을 재생하는 기술이 있다면 좋겠다고 생각하곤 했다.

할머니의 두 손을 잡고 있으면 스타킹이 입혀지던 네 살의 나와 그때의 촉감이 어김없이 떠오른다. 이제 다 큰 내가 할 수 있는 일은 자주 떨려서 갈피를 잡지 못하는 두 손이자 그녀의 생애를 따뜻하게 잡아 드리는 일이다. 다음번에는 더 힘껏 안아 드리고 볼 뽀뽀도 많이 해 드릴 테다. 그리고 우리 할머니가 세상에서 제일 예쁘다는 말도 당연히 빼놓지 않을 거다. *

어둠 속의
대화가 남긴 것

서울 북촌에는 《어둠 속의 대화》를 체험하는 공간이 있다. 주최 측은 "완전한 어둠 속 세상에서의 100분간의 일상 여행", "인생을 바꿀만한 세상에서 가장 흥미로운 경험"이라는 홍보 문구로 사람들의 관심을 불러 모은다. 글을 통해서 해당 프로그램을 상세히 언급하는 것이 맞을지 고민되지만 이미 널리 알려진 내용이라는 점에서 아직 경험하지 않은 독자께는 양해를 구해야겠다. 만약 《어둠 속의 대화》를 직접 체험하고 싶다면 뒤에 이어지는 내용은 건너뛰시길 바란다.

2016년의 어느 가을날, 《어둠 속의 대화》가 무엇인지 전혀 모른 채 프로그램에 참여하였다. 내가 행한 일은 어둠 속에서 마스터 가이드와 함께 산책하고 시장을 가고 보트를 타 보고 카페도 방문하여 음료를 주문하는 등 일상생활을 하는 것이었다.

그러나 아무것도 보이지 않는 어둠 속의 행위들은 더 이상 일상적인 것이 아니었다. 어떤 물건의 정체를 파악하기 위해서 한참 대상을 만지거나 마스터 가이드와 거리가 멀어지면 그의 존재가 느껴지는 방향으로 신경을 곤두세워 귀 기울였다. 의지할 수 있는 것이라곤 마스터 가이드의 목소리, 안전한 무언가를 찾으려는 나의 두 손 그리고 나처럼 더듬거리는 타인이 옆에 있다는 사실뿐이었다. 아무것도 보이지 않으니 시각을 제외한 다른 감각들이 예민하게 살아났다. 어두운 환경 속에서 신체가 조금씩 적응해 나가는 것을 느꼈다.

나는 어둠 속 마지막 대화에서 마스터 가이드에게 질문을 쏟아 내기 시작했다. 어떻게 그렇게 길을 잘 찾으시냐, 특수 랜턴을 머리에 달고 계시느냐, 다른 관람객과 나를 어떻게 구별하고 부를 수 있었냐고 물었다. 그녀는 명랑한 목소리로 자신은 시각장애인이라 답했다. 전혀 예상치 못한 대답에 나는 더 이상 말을 잇지 못했다. 그녀는 나와 잠시 스쳤을 때 내 손목 부근의 옷감에서 느껴지는 특정한 감촉과 손등의 촉감으로 나를 기억할 수 있었다고 답했다. 마스터 가이드와 접촉한 건 말 그대로 두세 번 스쳤을 뿐이었다.

《어둠 속의 대화》는 1988년 독일 프랑크푸르트에서 안드레아스 하이네케 박사Dr. Andreas Heinecke에 의해 시작되었다. 안드레아스 박사는 철학을 공부하고 그의 고향인 바덴바덴의 라디오 방송국 일을 시작했다. 그는 자동차 사고로 시력을 잃은 젊은 언론인의 업무 훈련을 담당하게 되었다. 평범한 사람들이 시각을 상실한 삶을 상상하는 데 어려움을 느끼는 것처럼 안드레아스도 시각 장애인을 훈련할 뾰족한 방법을 찾을 길이 없었다. 그러던 중 어느 시각 장애 언론인과의 만남은 안드레아스의 인생 전체를 바꾸어 놓았다. 그 맹인은 매우 낙관적이었고 자신의 상황을 적절하고 완벽하게 대처하는 대단한 유머 감각의 소유자였다. 안드레아스는 그를 통해서 한 번도 생각한 적 없던 시각 장애인의 잠재성을 이해하게 된다.

당시 독일 사회에서 시각 장애인에 대한 편견은 깊었다. 안드레아스는 그들이 교육과 직업의 기회에 있어서 평등한 출발을 할 수 없음을 깨닫고 장애인 분야에서 일하기로 결심한다. 그리하여 고안한 이벤트는 불을 끈 어두운 방에 시각 장애인과 일반인을 초대하여 서로를 만나게 하는 전시였다. 이는《어둠 속의 대화》시초가 된다. 이후로는 본격적인 사회적 기업가로서 전시의 개념을 널리 알리고 발전시켰다.《어둠 속의 저녁 식사》나《어둠 속의 워크숍》도 같은 맥락이다. 그동안 전 세계 32개국에서 1200만 명 이상의 사람들과 소통해 왔다. 각국의 시각 장애인에게 그만큼의 일거리도 생긴 셈이다.

《어둠 속의 대화》경험 이후 쏟아지는 생각들은 나를 부끄럽게 만들었다. 마스터 가이드가 시각 장애인이라는 사실을 왜 짐작조차 못했을까 곱씹어 보았다. 그리고 보니 나는 장애인의 입장과 시선에서 세상을 바라본 일이 거의 전무하였다. 어둠 속에서야 비로소 기회가 주어졌던 것이다.

관람객이 시각 장애인 마스터 가이드의 얼굴을 모른 채 어둠 속에서 프로그램이 시작하고 종료되는 설계는 탁월했다. 서로를 분류하고 가르는 수많은 카테고리는 어둠 앞에서 아무런 힘도 발휘하지 못했다. 그곳에서는 모두가 진실로 평등했다. 내가 그녀에게서 무엇도 발견할 수 없었을 때 ─ 아니 무언가 발견해야겠다는 생각조차 할 수 없었다 ─ 그녀는 찰나의 촉각만으로도 나를 인지하고 기억했다. 보통 사람이 하루아침에 쉽게 터득할 수 있는 능력은 아니었다.

시각 장애인은 청각과 더불어 예민하게 다듬어 온 촉각으로 보이는 것 너머의 세상을 읽는다. 그것은 눈 뜬 자가 감지할 수 없는 또 다른 풍부하고도 깊은 세상이지 않을까. 이 체험이 놀라웠던 다른 한 가지는 30여 분 정도 시간이 지났다고 느꼈을 때 100분 프로그램이 종료된 일이었다. 이질적인 100분의 어둠은 시간에 대한 의식과 감지 역시 달리하게 하였다.

《어둠 속의 대화》의 끝에서 깨달은 바는 신선한 충격이었고 이후로도 긴 여운이 남았다. 나는 세상을 다 아는 것처럼 살고 있지만 몰지각한 사람이었고, 무한대라 믿고 싶었던 상상력은 빈곤하였다. 세상의 어느 작은 부분이라도 진실로 이해하며 살고 있는가 스스로 되묻지 않을 수 없었다. 《어둠 속의 대화》는 그해 나의 최고의 경험과 배움으로 기억된다.

시각 장애인을 위한 사려 깊은 국내외 사례를 소개하며 글을 닫으려 한다. 우선 시각 장애인 아동과 그 가족을 위해 촉각 도서를 만드는 나누미 연구소 소장 문미희 작가와 지역 자원 활동가들이 진행하는 프로젝트이다.

자녀에게 책을 읽어 주거나 그림책을 보며 이야기 나누는 일은 부모와 자녀가 함께 좋은 시간을 보내는 최고의 방법 중 하나다. 그런데 시각 장애인 아동과 부모는 점자를 배우기 전까지 그림책을 접하거나 이해할 기회가 거의 없다. 그 마음을 헤아린 문미희 작가는 2010년부터 뜻을 함께하는 사람들과 촉각 도서를 만들어 필요로 하는 이들에게 보급하고 있다.

　문미희 작가는 시각 중심의 설치 작업을 하던 작가였는데 일본에서 만들어진 촉각 도서를 선물 받은 계기로 촉각을 바라보는 시선에 호기심을 갖게 되었다. 이후 시각 장애인들과 가깝게 소통하며 누군가가 필요로 하는 일로 예술 작업을 확장하게 되었다고 한다.

　촉각 도서를 만드는 작업실에 방문했을 때 6년 차 활동가들이 즐겁고 따뜻한 에너지 속에서 작업하고 있었다. 이들은 사전 작업 단계에서 어떤 주제의 도서를 만들지 다 같이 논의한다. 표현하려는 대상의 촉각과 거의 유사하고 고유한 느낌이 드는 소재를 찾기 위해서는 무엇이든 만져 보고 관찰한다. 만드는 이의 개성이 반영된 도서는 모든 단계에서 꼼꼼한 수작업이 필수적이다.

　촉각 도서 한 권을 만드는 데는 다양한 재료와 기술, 긴 시간이 필요하기 때문에 대량 생산이 어렵다는 단점이 있다. 그러나 이들은 긴 과정 속에서 시각 장애인을 이해하게 되며 스스로 성장함을 느낀다고 입을 모았다. 촉각 도서는 시각 장애인들에게도 기쁨이 되는 선물이지만 자원 활동가와 그 활동을 지켜보는 가족들에게도 긍정적인 영향을 준다. 지원과 후원 없이도 수년간

촉각 도서가 만들어지는 현장에서 발견한 것들이다. 표현하려는 대상과 비슷한 느낌의 재료를 찾으면 긴 수작업을 거쳐 단 하나뿐인 책이 탄생한다. 이들의 손끝에서 탄생한 촉각 도서의 모든 곳에는 섬세하고 애정 어린 마음이 가득 담겨 있다. 사진 ⓒ 유려한

꾸준히 지속되는 것은 작품을 완성했을 때의 성취감과 보람뿐만이 아니라 관점 전환을 통해 타인과 세상을 이해하는 다른 문을 발견해서지 않을까 싶다.

촉각 도서는 여러 층위層位에 걸친 복합적인 결과물이다. 그러나 촉각 도서에 대한 인식은 여전히 낮다. 촉각 도서가 예술인지 복지인지 교육인지 뚜렷한 카테고리를 정할 것을 요구하는 등 작업하는 주체를 바라보는 경직된 시선 때문에 지원을 받는 일도 쉽지 않다. 그럼에도 불구하고 느리지만 꾸준히 촉각 도서를 만드는 이유는 촉각과 관련된 책들을 모아 열린 공간에서 자유

롭게 나누는 촉각 도서관 설립의 꿈을 꾸기 때문이다.

영국 로체스터에 위치한 길드홀 박물관Guildhall Museum에서는 2017년 전시 《The Value of Touch》를 선보인 바 있다. 보통 박물관의 컬렉션은 볼 수만 있고 만지는 것이 허락되지 않는다. 작가 웬디 도즈Wendy Daws의 예술 프로젝트는 시각 장애인들에게 박물관이 보유한 유물들을 독점적으로 경험할 수 있는 기회를 내주었다. 시각 장애인 참가자들은 12가지 워크숍을 통해 컬렉션을 만지면서 경험한 바를 토대로 예술 작품을 만들어 선보였다. 시각 장애인들의 창의성을 표현할 중요한 기회가 된 셈이다. 이 전시는 예술을 경험하는 데 있어 예술이 장애가 되어서는 안 되며 이에 대한 인식 전환이 필요함을 보여 주었다. 자신에게는 굳게 닫힌 문이라고 여겨진 박물관의 문이 실제로 열렸다면 마음의 문도 그러하지 않았을까? *

신체,
촉각의 그릇

　나에게 바람이 있다면 글은 춤처럼 쓰고 춤은 글처럼 추는 일이다. 글과 춤은 본질적으로 사용법이 다르나 어딘지 묘하게 닮은 구석이 있다. 글과 춤을 기계적으로 버무리기는 힘들지만 어떤 지점에서는 만나고 통한다. 글을 쓸 때 적확的確한 표현을 위해 치열해져야 하는 나로서는 언어로 해방되고 개운해지는 일이 드물다. 언어에 눌려서 잠식당한다는 편이 진실에 가깝다. 그럴 때는 내가 모르는 언어를 쓰는 나라로 여행을 가거나 그것이 여의치 않으면 격렬히 비언어적인 것을 찾는다. 예를 들어 춤을 보거나 직접 추는 일 같은 것 말이다. 춤은 언어가 닿지 않는 곳을 정확히 긁어 준다.

　나는 춤이 촉각적이라고 생각한다. 인간 생명의 근간이 되어 주며 무엇보다 정직한 감각이 촉각이라면 춤도 그 연장선 상에 있다. 무용수는 신체로 인간의 감정과 사상을 표현하며 스스로를 연주한다. 원초적인 그릇인 자기 신체에서 나와서 다시 신체로 들어가는 예술이자 통로가 춤이다. 그래서 춤을 추고자 하는 의지와 욕구가 있는 신체여야 자연스러운 움직임을 만들고 예술이 된다. 춤을 추기 싫은데 억지로 춰야 한다면 그것만큼 끔찍한 것도 없다. 그래서 춤은 실현의 순간에 정직의 맨 얼굴을 드러낸다. 그림과 글은 여러 번 수정하거나 아닌 척 위장할 수도 있지만 춤은 수정하거나 되돌리기 어렵기 때문이다. 관객은 시간과 음악을 타고 흘러가는 무용수의 몸과 정신적 에너지를 그대로 전달 받는다. 춤을 추는 사람이 자유롭지 않다면 보는 사람도 어색하게 느껴지는데, 신체 고유의 특성 때문에 그렇다.

프리드리히 니체Friedrich Wilhelm Nietzsche는 "댄서는 발가락에 귀가 있다."고 했다. 무용수는 자기 신체를 주의 깊게 들여다보며 공간을 가장 많이 의식하는 직업군 중 하나이다. 물론 무의식적으로 스며든 루틴이라서 일부러 자각하지 않을 수 있다. 무용수는 몸이 무기이자 곧 자신이기에 몸을 아끼며 소중하게 다루는 법을 안다. 또한 몸은 그 자체로 많은 말을 하고 있어서 — 단지 말과 글이 아닐 뿐 가장 본질적이고 결정적인 언어 같다 — 미묘한 몸짓이나 행동이 바로 그 사람을 말해 주기도 한다. 그런 점에서 무용수는 인간의 몸짓 언어를 가장 잘 이해하고 본능적으로 알아채는 사람이기도 하다.

무용계의 젊은 주역들과 인터뷰할 기회가 있었다. 한국 무용을 전공하고 활발히 활동하는 무용수이자 안무가인 김혜지 님은 신체를 감각하는 다양한 이야기를 들려주었다. 그중 일부를 소개하면 그녀는 춤을 추기 전 몸을 푸는 시간 동안 자신의 신체를 가장 많이 의식한다. 인간은 늘 자기 몸을 컨트롤하고 있다고 생각하지만 사실 몸은 평소에 잠들어 있다고 한다. 잠든 몸의 감각을 하나씩 깨워서 온전하게 대하는 시간이 되면 무용수는 자기 신체를 새로이 마주한다. 음악이 공간에 울려 퍼지면 몸의 세포를 하나씩 깨우고 진동하는 소리가 공간을 타고 자기 안으로 휘감아 들어오는 것처럼 말이다. 그녀는 몸을 완전히 이완해서 바닥에 닿는 순간 살아 있음을 느낀다. 수영하듯 부드럽게 잘 흐르는 몸은 그림을 그리는 것처럼 따뜻한 느낌이라고 비유했다.

무용수는 춤을 통해 보이는 것 너머의 세계에 대해 다음과 같은 흥미로운 말을 전했다. 어떤 형태로 가기 이전에 보이지 않는 것에서부터 춤은 시작되며, 가장 본질적인 것은 내면에 깃들어 있어서 보이지 않는 것이 바깥으로 밀려 나오면 비로소 형태가 된다는 것이다. 무엇보다 무용수에게 몸과 정신의 연결감은 황홀한 순간이다. 그녀 역시 그 지점을 가장 풍만한 순간으로 꼽았다. 춤이 삶의 뼈대라고 말한 무용수는 신체를 곧 자기 자신으로 사유思惟했다. 춤을 출 수밖에 없는 운명을 넘어서 춤이 자기 자신이라고 믿고 있었다. 정말로 춤이 좋아서 추는 사람에게서만 느껴지는 순수한 에너지와 수행자적인 태도를 보건대 그녀는 아마도 오래 춤을 출 것이다.

무용을 전공하고 무대에 올랐으나 한동안 영상 작업과 공연 기획을 하며 춤추는 일을 쉬었던 송우람 님의 말도 흥미롭다. 그

김혜지 무용수의 다수 안무작 중 첫 실험 안무작 「살아짐」의 한 장면이다. 사는 것과 살아가는 것, 사라지는 것(죽음)에 대한 의문과 인간의 정신적 고립감을 신체언어로 표현한 장면이다. 사진 출처: 김혜지 무용수

는 망가진 몸과 불어난 체중을 평소대로 되돌리는 신체 훈련을 하면서 "죽을 것 같았으나 살 것도 같았다."고 전했다. 그의 표현에 따르면 땀으로 범벅된 몸의 숨에서 묘하게 철분 향이 느껴지고 온몸에서 느껴지는 심장의 두근거림 등 작은 통감들을 세세하게 느끼며 죽을 것 같은 순간에 자신의 신체가 가장 살아 있음을 인식했다는 것이다. 사점死點에서 느끼는 생명의 역동성이 그가 춤과 삶을 여전히 사랑하는 이유였다.

그에게 신체는 자신이 말하고자 하는 바를 타인에게 어떻게든 완벽히 이해시키기 위해 기를 쓰는 장치이다. 신체는 완벽하게 자아를 대변하기 위해 쓰이다가도 타인의 감정이 투영되기 위한 그릇으로 존재하기에 춤을 추는 무용수의 신체는 내 것이자 너의 것이기도 한 거대한 관계망이자 세계라고 말한다. 짧은 순간 자기 몸에서 벗어나 있는 느낌 그러니까 신체는 춤을 추고 있음에도 신체 밖을 자유로이 표류하는 순간이 그에게는 무엇과도 비교할 수 없는 자유이다.

요즘에야 몸과 관련된 다양한 논의와 관심이 있지만, 서양 철학에서 신체는 오랜 시간 동안 수단적 존재로 하대 받으며 사유와 논의의 대상조차 되지 않았다. 시각을 가장 보편적이고 고귀한 감각으로 여긴 데카르트Rene Descartes는 신체를 영혼이 없는 사물에 불과하며 그 기능은 기계적 작동과 같다고 보았다. 그러나 프랑스 철학자 모리스 메를로 퐁티Maurice Merleau Ponty는 데카르트의 주체와 객체의 이분법적 사유를 비판하며 신체가 마땅히 차지해야 할 지위를 되찾아 주었다. 그는 몸과 정신이 두 개로 나누어진 것이 아니라 하나의 덩어리에서 파생하였다고 보았다.

메를로 퐁티의 철학이 현상학과 실존주의에 새로운 지평을 열어 준 중대한 의미는 인간의 '몸'을 경험적 세계의 중심에 두었다는 점이다. 그는 『지각현상학』에서 '신체'가 '지각'의 주체이자 세계로 열리는 장소라고 설파했다. 인간은 신체에 의해서 세계에 존재하고 신체로 세계를 지각함으로 세계의 경험을 발견하고 파악해야 하며 그것이 인간 본성이라고 보았다. 다시 말해서, 몸이 의식 외부에 있는 대상이 아니라 몸을 통해서 비로소 외부 대상이 주어진다고 본 것이다.

메를리 퐁티의 유고작 『보이는 것과 보이지 않는 것』에서는 '세계의 살flesh of the world' 개념을 통해 세계와 자아가 서로를 해석하고 규정하는 새로운 '살 존재론'이 언급된다. 그에 따르면 우리, 타자, 세계는 모두 '살'이라는 '존재의 원소'를 토대로 서로 연결되어 있으며 자아와 타자는 서로 얽혀 있다. 살은 가역可逆적이기에 본다는 것은 보인다는 것이고 만지는 것은 만져진다는 것, 다시 말해서 몸은 '감각되는 감각하는 것'으로 존재한다. 그리하여 봄과 보임, 만짐과 만져짐 사이에 얽힘과 교차가 일어난다. 그는 정신과 몸, 나와 타자의 이분법을 넘어 작동되는 몸을 통해 인간이 세계와의 관계 속에서 자신의 의미를 어떻게 만들어 가는지 설명하고자 했다.

핀란드 건축가 유하니 팔라스마Juhani Pallasmaa는 『건축과 감각 The Eyes of the Skin: Architecture and the Senses』에서 인간이 건축을 경험

할 때의 주요한 현상학적 차원의 문제들을 다루고 있다. 저자는 책을 통해 인간이 세계를 경험하고 이해하는 데 촉각이 중요함을 전달하고자 하였고, 그의 저서에는 메를로 퐁티가 여러 번 언급된다. 유하니 팔라스마는 건축에서 그간 무시하고 방치한 감각을 재발견하여 수면 위로 올려놓았다.

그는 시각을 포함한 모든 감각들은 촉각의 확장인데 시각에 지배되어 다른 감각은 억제되는 건축 전반의 상황에 의문을 제기했다. 유하니 필라마스에 따르면 시각중심주의 문화는 인간을 공간과 통합하게 하고 촉감적 성격을 아우르는 경험을 저해한다. 촉각이 가지는 근접성, 친밀성, 진실성, 동일시, 애정의 측면이 배제되면 인간은 무관심, 소외감, 외면성의 영역으로 밀려난다. 수영하는 사람이 물의 흐름을 자신의 피부로 감지하듯, 이미지의 흐름은 강화된 촉감적 감각으로서 이해해야만 진정한 가치를 알 수 있다고 보았다.

오래전 토착 건축은 근육이나 접촉과 관련된 감각에 의해 탄생하였고, 촉감적 기억으로 축적된 삶의 기술들은 몸의 지혜에 근거한다. 유하니 팔라스마에게 현대의 시각 위주의 도시는 거리 두기와 외면의 도시로 감각이 결핍된 공간이다. 그는 구릉마을처럼 서로 밀접한 공간에서 감각들이 서로 연계되는 내면성과 근접성의 도시가 촉각적 도시라고 보았다. 저자가 생각하는 촉각에 근거한 현대 건축가는 근감각筋感覺적이고 질감 있는 건축의 대가인 프랭크 로이드 라이트Frank Lloyd Wright, 근육과 촉감을 이용하는 알바 알토Alvar Aalto이다. 특히 알바 알토의 건축은

유하니 팔라스마는 프랭크 로이드 라이트의 낙수장Falling Water이 주변의 숲과 건물 자체의 불륨감, 표면의 질감과 색깔, 숲의 냄새와 강물이 흐르는 소리까지 포괄하는 생생한 체험을 통해 낙수장 고유의 충만한 경험을 직조한다고 설명한다. 유하니 팔라스마가 생각하는 좋은 건축이란 눈에 의한 기분 좋은 '만짐'을 위해 만들어지는 것이다. 사진 출처: https://franklloydwright.org/

알바 알토의 건축은 몸을 이용한 근육과 촉각의 경험을 불러일으키기 위해 전위, 왜곡된 대치, 불규칙성 등을 포함하는 감각적 복합체이다. 유하니 팔라스마는 그의 건축이 움직임의 감각에 말을 걸고 시각만큼이나 촉각적이며 그리하여 가정적이고 환대하는 분위기를 만들어낸다고 설명한다. 사진 출처: https://visit.alvaraalto.fi

근육과 촉각의 존재를 드러내며 몸을 이용한 근육과 촉각의 경험을 불러일으키는 요소들을 포함한다. 그는 친밀하고 따뜻한 분위기를 자아내는 것은 시각이 아니라 감각적 영역에 근거한다고 보았다.

유하니 팔라스마에게 건축적 스케일을 이해하는 것은 대상이나 건축 공간을 무의식적으로 자신의 몸을 사용하여 가늠함을 말한다. 다시 말해서, 건축은 인간의 몸과 그것이 공간을 지나가는 움직임을 투사하는 것이다. 건축가도 마음속에 품고 있는 건물과 풍경, 전체적인 맥락, 기능적 요구를 점진적으로 내면화하는데 움직임, 균형, 스케일은 몸을 이용하여 의식하지 않은 상태에서 느끼는 감각이다. 몸과 공간이 상호작용하는 과정에서 건축가의 신체가 느낀 감각은 건축적 경험에 반영된다. 그 결과, 건축은 건축가의 몸에서 직접적으로 그 작품을 접하는 사람의 몸으로 전달되는 소통이고 수세기가 지나도 유지된다는 것이다.

그의 언급처럼 장인의 도구와 같이 오래된 물건의 표면에는 손으로 쓰다듬고 싶게 만드는 무언가가 있다. 그는 실제로 문고리 스케치를 많이 한 건축가인데, 문고리 잡는 것을 건물과 나누는 '악수'라고 생각했다는 점이 흥미롭다. 촉각이 시간과 전통을 연결해 주는 매개로 작동하여 헤아릴 수 없이 많은 세대들과 악수를 나눈다는 해석이 인상적이다.

오늘날의 건축가들은 촉각이 건축에 다시금 깃들게 할 수 있을까? 유하니 팔라스마는 건축에서 명료한 사고의 필요성 이전에 공간을 지각하는 몸의 감각에 주목하였다. 눈으로 보이는 방식만큼이나 공간이 감각되는 방식이 중요하다면 그의 말처럼 건축가들의 임무는 '세상이 인간을 어떻게 만지는지 가시화하는 일'이 될 것이다. *

죽음 그리고
촉각의 상실

2018년 서울시립미술관에서 전시 《씨실과 날실로》를 관람하다가 어느 문구 앞에서 발걸음을 멈추었다.

"만지고 싶어 죽겠어."

'직조 생활'의 세월호 엄마들의 뜨개 전시 「그리움을 만지다」 영상에서 발견한 것이다. 이 절실한 문장을 두고 더 이상 무슨 말을 할 수 있을까. 남겨진 그러나 무너진 사람의 거둘 수 없는 간절함 앞에서 마음이 먹먹해졌다. 전시는 그리운 아이의 살갗을 만지듯 뜨개실을 어루만지며 한 코 한 코 기도하는 마음으로 엮었다고 설명하였다. 만질 수 없는 아이를 그리워하며 뜨개질로 버티는 일을 감히 짐작하기 힘들었다. 그래도 엎어지고 터지는 감정들을 뜨개질로 가시화하는 순간만큼은 조금 숨 쉴 수 있지 않았을까 생각해 보았다. 그렇게 모인 마음과 시간이 엮은 뜨개

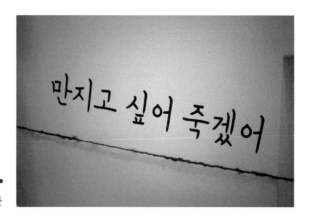

사진 ⓒ 유려한

질 작품은 보는 사람도 따뜻하게 다독여 주었다. '그리움을 만지다'라는 작품 제목은 그 어떤 작품보다 기억에 남았다.

　인간은 신체로써 지금 여기에 존재함을 증명한다. 죽음과 부재는 모두 집요한 그리움을 남기며 살아 있는 자를 방치시키지만 하나의 차이가 있다. 남겨진 자에게 죽음이란 신체를 만질 가능성이 영영 없다는 사실 앞에서 무릎을 꿇는 일이다. 실체가 없는 대상을 두고 잊히지 않는 사람과 잊어야 하는 사람 사이의 끝없는 분투와도 같다. 사람은 기억에서 흐려지고 지워져도 손끝에 맺힌 그리움의 그림자는 지문처럼 남는다. 어쩌면 만질 수 없어야 그리움이라고 부를 수 있을지도 모르겠다.

　『감각의 박물학』의 저자 다이앤 애커먼Diane Ackerman이 인용한 프레데릭 작스Frederick Sachs의 『사이언스The Sciences』에는 다음과 같은 구절이 있다. "촉각은 최초로 점화되는 감각이며, 대개 맨 마지막에 소멸한다. 눈이 우리를 배신한 뒤에도 오랫동안 손은 세계를 전하는 일에 충실하다. 죽음에 대해 설명할 때, 우리는 촉각의 상실에 대해 말하는 일이 많다."

우리 대부분은 학교에서 촉각 체계를 제대로 배운 적이 없다. 또한 일상에서는 촉각의 존재나 기능을 특별히 생각할 일이 없다. 그래서인지 시각이나 청각이 사라지면 어떨지 짐작해 볼 수 있지만 촉각이 상실된 느낌에 대해서는 잘 떠올릴 수 없다. 그런데 정말 촉각을 잃은 사람이 있었다.

1982년 피부 감각만 상실한 환자가 학계에 보고되었다. 36세 농장 관리인인 그는 운동 신경이 좋은 다트 던지기 챔피언 기록 보유자였다. 그는 독감과 유사한 병을 앓고 난 직후 다리와 발에서 처음으로 이상 감각을 느끼기 시작했다. 2주 후에는 손과 팔까지 저린 느낌이 심해지더니 손목과 무릎까지 마비가 일어나서 어떤 감각도 느낄 수 없는 상태가 되었다. 다트 경기에 나가는 일은 당연히 할 수 없었고, 혼자서 옷의 단추를 잠그는 일도, 펜으로 글을 쓰는 것도 사실상 불가능해졌다. 소변이 나오는 자체도 지각할 수 없었다.

촉각은 생명의 시작과 끝을 같이한다. 인간이나 동물에게 가장 먼저 발달하는 감각은 촉각이다. 수정된 후 2개월이 안 된 시점의 태아 크기는 2.5cm에 불과한데, 눈과 귀가 없어도 피부는 이미 발달해 있다. 또한 우리 몸 전체를 덮고 있는 피부가 신체에서 가장 큰 기관이라는 점은 촉각이 '감각의 어머니'로 불리는 이유를 설명해 준다. 시각, 청각, 미각, 후각을 모두 잃었다고 하더라도 생명이 끝나는 것은 아니다. 헬렌 켈러는 피부에서 받는 자극을 통해 세상을 만들어 나갔고 비록 많은 제약이 있었지만 삶을 영위할 수 있었다.

그러나 촉각이 없으면 자신이 살아 있다는 사실조차 알지 못할 수도 있다. 신체와 촉각은 생각해서 인식하게 되는 것이 아니라 매 순간 몸의 존재를 느껴서 알 수 있는 것이기 때문이다. 그러므로 촉각의 상실은 곧 살아갈 수 없는 죽음을 의미한다. 신체에 생명을 주는 근간이 촉각이라면 시각이나 청각을 포기할 수는 있어도 촉각을 포기하는 일은 할 수 없을 것이다. ✳

몸의 경계는
어디까지일까?

　나는 종종 물리적으로 나의 신체와 개인 영역을 침범 당한다. 출퇴근 시간 대중교통의 좁은 공간에서 몸이 밀쳐지고 구겨지는 일은 다반사이다. 그리고 인천공항에서 수하물을 찾을 때 늘 겪는 일인데, 컨베이어 벨트의 정해진 선 밖에 서서 수하물을 기다리고 있으면 한두 명씩 내 앞을 가로막아 결국에는 아무것도 보이지 않는다. 그러면 나는 요리조리 고개를 내빼서 이상한 자세로 수하물을 지켜보거나 여의치 않으면 다른 빈 공간을 찾아 이동해야 한다. 모두 선 밖에서 질서 있게 대기하면 그런 불편함과 얽힘 없이 편할 텐데 말이다.

　내가 가장 인내하기 힘든 순간은 처음 만난 사이인데 나의 팔뚝을 주무르거나 스스럼없이 내 손과 팔을 잡고서 이야기하는 사람들을 마주할 때이다. 남녀를 떠나서 당황스럽기 그지없다.

간접적으로 신체와 개인 영역을 침범당한 황당한 경험도 있다. 예전 직장의 상사는 사무실 직원들의 의자 목받침 부분을 모두 제거하라는 지시를 내렸다. 미관상 자신의 마음에 들지 않는다는 이유였다. 개인이 의자에 편하게 기대어 있을 자유를 당사자의 동의 없이 박탈해 버린 것이다.

남에게 침범 받고 싶지 않은 일정한 물리적 공간을 의미하는 심리학 용어 '퍼스널 스페이스Personal Space'가 있다. 문화 인류학자 에드워드 홀Edward T. Hall은 누구나 자기 주변의 일정한 공간을 자기 것이라 생각하는 무의식적 경계선이 존재한다고 말한다. 인간에게는 자기 자신을 지켜 내고자 하는 최소한의 공간이 필요한데, 이 공간은 보이지 않는 최소한의 물리적 거리이면서 나와 상대의 친밀도에 따라 거리의 폭이 달라지는 심리적인 거리이다. 그에 따르면 공적인 거리는 360cm 이상, 사회적 거리에 해당하는 직장 동료와의 거리는 120~136cm, 개인적 거리인 친한 친구와의 거리는 46~120cm, 연인이나 부모 자녀와의 거리는 15~46cm 정도가 적당하다. 또한 문화권마다 적절하다고 생각하는 거리가 다르다.

엘리베이터나 지하철에서 낯선 사람과 가까이 있으면 불편함을 느껴 최대한 떨어져 있으려 하는 것도 퍼스널 스페이스를 지키고 싶은 본능 때문이라고 한다. 퍼스널 스페이스가 잘 지켜지는 나라로 흔히 핀란드를 꼽는다. 핀란드 버스 정류장에서 줄을 서서 기다리는 사람 간의 간격은 1m가 넘어 보인다. 2019년에 기획한《Hush Festival: 정신적 이민자와 중간인中間人을 위한 조용한 축제》에서 어느 참가 신청자는 다음과 같은 생각을 제시하였다.

Q: 무엇이 변화되면 삶이 지금보다 나아질까요?
A: 사람들이 퍼스널 스페이스를 핀란드만큼만 유지해 주면요.

물론 핀란드와 판이하게 문화가 다른 한국에서는 어려운 일이겠지만 지금보다 퍼스널 스페이스의 개념이 보편적인 문화로 자리 잡았으면 하는 바람이다. 이쯤에서 신체 접촉에 대한 이슈를 직접적으로 다룬 예술 작품을 소개하고자 한다. 2017년 서울문화재단 금천예술공장에서 《다빈치 크리에이티브 2017》라는 전시를 선보였다(당시 나는 작가가 관람객과 소통하거나 관람객이 작품을 체험하는 일을 도와준 바 있다). 이 전시의 주제는 '언캐니 밸리Uncanny Valley'였다. '불쾌한 골짜기'로 해석되는 이 말은 1970년 일본 로봇 공학자 모리 마사히로Mori Masahiro에 의해서 본격적으로 소개되었다. 이것은 로봇과 같은 존재가 인간과 많이 닮을수록 그에 대한 호감도가 높아지지만, 특정 수준에 다다르면 오히려 불쾌감과 거부감을 느끼게 되는 영역을 일컫는다.

이 전시에서는 접촉과 몸의 경계에 대한 권력 투쟁 이슈를 제기하는 JF 말루앵JF Malouin 작가의 「미의 세 여신Les Trois Graces」이 주목을 받았다. 관람객은 가상 현실 체험용 VR 기기를 머리에 장착하고 양손에 조이스틱을 쥔 채 천천히 걸어 나간다. 그러면 어두운 공간 속에서 상대방을 응시하거나 이따금 눈을 깜빡이고

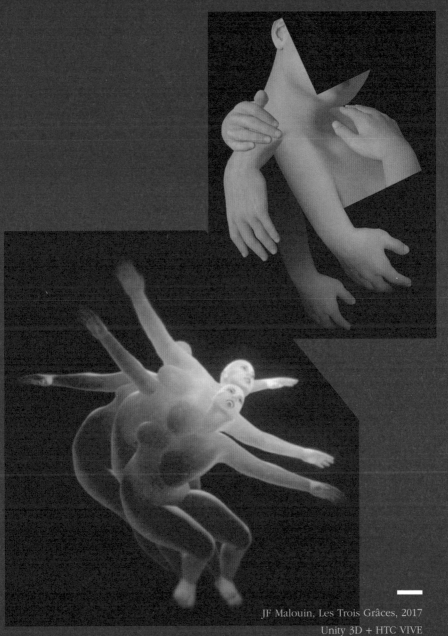

JF Malouin, Les Trois Grâces, 2017
Unity 3D + HTC VIVE
Additional technologies by Morph3D, Tore Knabe, John Porter.
© JF Malouin

서 있는 초현실적인 세 여신을 만나게 된다.

제임스 프라디에James Pradier의 「미의 세 여신The Three Muses」(1831)에서 모티브를 딴 VR 속 여신들은 발가벗겨진 가상의 살과 피부를 드러낸다. 백인 여성으로 추정되지만 머리카락이 전혀 없고 애매한 몸은 작가가 의도한 설정이다. 관람객은 세 여신들에게 다가가 그들의 몸에 개입할 수 있다. 신체의 어느 부분이든 조이스틱을 눌렀다가 떼면 그 힘과 방향만큼 해당 부분이 늘어나고 줄어들며 움직인다. 어깨동무를 한 세 여신의 포즈를 자신이 원하는 대로 바꾸어 놓거나 여신들의 몸을 분리했다가 다시 얽혀 놓게 할 수도 있다. 디지털 신체를 조종하는 동안 시각적으로 몰입하며 몸을 밀고 당기는 촉각적인 움직임은 실제적인 인식을 더한다.

관람객은 처음에 당황하다가 시간이 흐르면서 여신들의 몸을 만지고 조작하는 일을 겁내지 않게 된다. 어떤 관람객은 기괴하고 소름 끼친다 하였고, 어떤 이는 한참이나 세 여신의 몸을 조정하며 즐거워했다. 어쨌거나 VR 속 타자에게 힘을 가하는 동안 저항하지 않는 신체에서 느껴지는 그로테스크한 낯섦은 설명하기 쉽지 않다. 가상이지만 실재實在와 같은 시뮬레이션은 혼란스럽고 불안한 감정도 불러일으키기 때문이다. 나는 세 여신의 늘어지고 뒤틀린 몸에서 자아가 붕괴된 채 무방비 상태로 남아 있는 느낌을 받았다. 최소한의 인격적 존중을 박탈당한 가상 현실 속 여신들의 모습이 마냥 흥미로울 수는 없었다.

작가는 VR 인터랙션을 매개로 관람객이 작품에 얼마나 개입하고 상호 작용할지 선택의 여지를 두었다. 가상이지만 타인을 만지고 영역을 침범하는 행위는 관계 속 힘의 갈등에 대한 생각을 촉발시킨다. 이는 권력 투쟁이 몸을 통제하는 행위에서 시작된다면 몸의 경계는 어디까지이며 어떻게 존중되고 있는가의 문제로 확장된다. 의식적이든 그렇지 않든 우리는 현실에서 얼마나 타인의 신체 영역에 간섭하고 영향을 미치는지 묻지 않을 수 없다. 「미의 세 여신」은 어느 시점이 되면 가상에서 마음껏 휘두르던 관람객의 손을 잡아 훔치도록 프로그래밍 되어 있다. 인터페이스 없이 맨손으로 돌아온 관람객은 더 이상 어떤 힘도 행사하지 못하는 자기 자신을 발견한다. *

May I touch
your elbow?

유치원을 다닐 무렵 피아노를 배웠다. 나의 공식적인 첫 피아노 교습은 쌍둥이 자매 선생님이 운영하는 동네 음악 학원이었다. 작은 손을 가진 나는 당시 엄지와 새끼손가락으로 건반 낮은 '도'에서 높은 '도'를 한 번에 닿는 것이 소원이었다. 선생님은 매번 손목에 힘을 빼서 치라고 가르쳐 주셨는데 도무지 손에 힘을 주지 않고서는 무거운 건반들이 뜻대로 움직여 주지 않았다. 그러면 선생님은 같이 쳐 보자며 내 작은 손 위에 자신의 손을 살며시 포개서 함께 쳐 주시곤 했다. 건반 위에서 길 잃은 손이 날개를 달고 날아가는 순간이었다. 선생님의 손과 함께 움직이면 그토록 가볍고 쉽게 쳐지는 것이 신기하기만 했다. 그 일이 어색하거나 불편하지는 않았는데 선생님이 나와 같은 여성이어서인지 아니면 부드러운 배려라고 생각해서인지는 모르겠다.

이사로 인해 정든 피아노 학원을 그만두고 다른 피아노 학원을 다니게 되었다. 나는 새로운 분위기에 적응하느라 애를 썼다. 커다란 잠자리 안경을 쓰고 소가 핥은 듯한 8:2 가르마의 남자 원장 선생님께 피아노를 배웠고 주로 바흐 Johann Sebastian Bach 인벤션 Inventions 을 쳤다. 지금의 나에게 바흐의 음악은 우주의 질서와 평온함을 안겨 주지만 당시 바흐 인벤션을 치는 일은 그야말로 곤욕과 지옥의 시간이었다. 원장 선생님이 레슨할 때마다 내 허벅지를 치면서 박자를 세었기 때문이다.

박수도 메트로놈도 아닌 내 오른쪽 허벅지를 찰싹찰싹 때리며 박자를 세는 일은 곡이 끝날 때까지 계속되었다. 바흐 인벤션은 보통 차분한 템포이지만 늘 빨리 쳐서 끝내 버리고 싶었고 음들은 정체불명으로 뭉개졌다. 흥분한 목소리로 허벅지를 때리는 선생님이 나는 너무나 무서웠다. 그러한 상황이 정상인지 그런 교수법이 있는지 판단하기엔 그저 너무 어렸고 애꿎은 황토색 바흐 인벤션 악보집은 쳐다보기도 싫은 대상이 되어 버렸다. 쌍둥이 자매 피아노 선생님들을 그리워하는 감정이 나를 메우고 머지않아 피아노 학원을 그만두었다. 한동안 그 일을 까맣게 잊고 지내다가 성인이 되어서 다시 떠올리게 되었다. 그리고 내가 왜 바흐 인벤션을 꺼려했는지도 기억해 냈다.

시간이 흘러 대학에서는 이런 일도 겪었다. 그날은 남녀 간의 깊은 애정을 다룬 시조를 분석하는 고전 문학 전공 수업 시간이었다. 맨 앞줄에서 열심히 필기하던 내게 별안간 교수가 물었다.

"자네가 해외 여기저기 잘도 다닌다면서? 그렇다면 남자 경험도 많겠네. 시조에 등장하는 여성이 어떤 기분이었을지 자네가 어디 한번 말해 보게."

내 귀를 의심했다. 살면서 그런 말은 처음 들어 보았기에 어떻게 대응하면 좋을지 몰랐다. 어처구니가 없어서 말문이 막혀 버렸던 것 같다. 벼락을 맞은 심정으로 그 수업이 끝날 때까지 기다렸다가 분노와 슬픔으로 항의한 나에게 돌아온 교수의 답은 다음과 같았다.

"별것도 아닌 것 가지고 그러네. 그래 사과를 원하면 한다. 미안하다 미안해."

그 사과는 사과가 아니었다. 교수의 발언과 의식 수준보다 더 충격적인 것은 나이 든 교수가 그럴 수도 있으니 네가 이해하라는 몇몇 여학우의 반응이었다. 분노하고 상심한 나를 위로하며 항의하도록 지지해 준 사람은 남학우들이었다. 돌아보면 당시 분위기는 지금과 꽤 달라서 그런 일에는 대부분 침묵하며 넘어가거나 문제의식조차 없었다. 만약 요즘 대학가에 이런 일이 발생했다면 이야기는 달라졌을 것이다.

한참의 시간이 흘러 대학원을 가게 되었고 미국에서 유학 생활을 했다. 졸업 후 음악을 다시 배우려는 계획이 있었기에 바이올린을 가져갔다. 내가 다닌 학교는 음대생이 아니더라도 음대 교수에게 레슨을 받을 수 있었고 졸업 학점으로도 인정되었다. 나는 당시 1학점짜리 바이올린 교습을 신청해서 데이비드 사리티David Sariti 교수에게 사사師事 받았다. 바이올린 연주는 상체를 쓰는 일이기에 교수가 디렉션을 주는 과정에 학습자의 신체를 만지게 되는 일이 있다. 내가 이 수업을 잊을 수 없는 이유는 교수–학습 과정에서 처음으로 신체 접촉에 허락을 구하는 목소리를 들었기 때문이다.

"May I touch your elbow(내가 너의 팔꿈치를 만져도 될까)?"

선생님은 나의 오른팔 자세를 교정해 주기 위해 그렇게 말씀하셨다. 내가 괜찮다고 대답을 한 후에야 매우 조심스럽게 팔꿈치를 잡으셨다. 지극히 당연하고 자연스러운 일에 나는 하마터면 활을 떨어뜨리고 울 뻔했다. 그간 많은 배움 속에서 한 번도 그런 종류의 말을 들어 본 적이 없었기 때문이었다.

신체에 가해지는 교사의 폭력적 행위가 아무렇지 않던 문화를 경험한 자에게 그 간단한 한 문장은 당혹 섞인 감동이 되었다. 더불어 어린 시절의 나쁜 신체 접촉과 관련된 일을 비롯해 그간 겪어 온 성희롱과 성차별이 한꺼번에 되살아났다. 나는 한국이 아닌 곳에서야 비로소 상식을 경험했다. 그 목소리는 존중과 배려의 목소리였다.

여성 중에 어떤 형태로든 성폭력을 겪어 보지 않은 사람이 있을까 싶다. 아마 거의 모든 여성이 삶의 여러 단계에서 경험했을 것이고 남성보다는 여성들의 사례가 압도적임은 반박할 수 없는 사실이다. 더구나 신체 접촉으로 발생한 일들은 기억에서 잘 지워지지 않는다. 수학 학원 원장 선생님이 10살의 나를 자신의 다리 위에 앉히고 뽀뽀한 일, 중학생 시절 길에서 갑작스레 내 손을 잡고 주물럭거리더니 큰 소리로 웃고 도망친 모르는 남자 등. 이보다 훨씬 더 심각한 일을 겪은 여성들이 얼마나 많단 말인가.

최근에서야 성폭력에 대한 사회 전반적인 각성이 일고 제도의 정비가 거론되지만 여전히 그때의 나와 같은 여자 아이들이 존재하지 않으리라는 법도 없다. 성폭력을 저지르는 남성은 전체 남성의 극히 일부이지만 이상한 방향으로 후퇴하는 사회 분위기가 걱정된다. 심심치 않게 접하는 몰카와 동영상 사건, 데이트 폭력, 혼자 사는 여성을 노린 주거 침입 시도 같은 뉴스를 그만 접해도 되는 사회가 언제 올까?

앞서 언급한 경험들을 돌이키며 나는 그때 왜 얼어 버렸을까, 왜 그 자리에서 강력하게 항의하지 못했을까 뒤늦게 자책한 적이 있다. 서울대 젠더 연구소 이진희 연구원은 누구도 그런 말을 들을지는 예상하지 못한다고 말한다. 예기치 못한 상황과 사람, 특히 안면이 있는 사람이나 상사나 교수, 존경하거나 친밀한 대상과의 관계 속에서는 더욱 당황스러울 수밖에 없다는 것이다. 이러한 현상을 설명하는 것이 '긴장성 부동화'이다.

2017년 스웨덴의 연구에 따르면 성폭력을 당하는 중 다수의 피해자가 '순간적인 마비(Tonic Immobility, 긴장성 부동화)'를 경험하는 것으로 나타났다. 이는 강간 중에 발생하는 일반적인 반응으로 공격에 대한 저항이 불가능한 경우에 일시적으로 동작이 억제되는 증상이다. 긴장성 부동화는 강간뿐 아니라 예상치 못한 성추행이나 성희롱 등 성폭력이 발생하는 상황에서 폭력이나 협박이 없더라도 피해자가 저항하지 못할 수 있는 이유를 밝혀내었다. 이것은 여성에 국한되는 것이 아니라 피해자가 되는 남성도 마찬가지이다.

성폭력이 발생하면 피해자는 어떻게 대처하면 좋을지 질문하자 이진희 연구원은 우리 사회가 가해자를 만들지 않는 방향으로 가는 것이 맞지 않냐고 되묻는다. 우문현답이다. 연구원에 따르면 어떤 관계 속에 얽혀 있는 사람에게 대처는 쉽지 않다. 피해자에게만 어떻게 대처를 할지를 가르치는 것이 아니라 가해자가 생기지 않도록 예방하는 일이 더 중요하다. 사실상 이는 근본적으로 권력과 밀접한 구조적인 문제이며 일상에서 힘의 차이에서 의해 발생한다. 그러므로 일상 속에서 느끼는 권력에 대해 좀 더 민감해질 것이 요구된다.

이와 더불어 한국 사회에서 목소리를 내는 용기 있는 한 명의 사람을 키우는 것이 무엇보다 중요하다고 한다. 미국의 과학자 라이얼 왓슨Lyall Watson이 '백 마리째 원숭이 효과'라고 이름 붙인 현상이 있다. 일본의 고립된 섬에서 똑똑한 원숭이 한 마리가 물로 고구마를 씻어 흙을 제거하고 먹은 일이 있었는데 다른 원숭이들도 따라서 고구마를 씻어 먹더니 떨어진 다른 섬 원숭이들도 씻어 먹기 시작했다. 어떤 행위가 무리 내에서 일정한 임계치를 확보하면 그 집단에만 국한되지 않고 전혀 교류가 없었던 다른 집단에도 확산되어 가는 현상이다. 이는 먼저 깨달은 사람이 행동하면 나머지가 따르면서 공동체가 변할 수 있는 가능성을 시사한다. 누군가 나서서 도와준다면 다같이 도와주게 되는 일을 직간접적으로 경험해 본 일이 있을 것이다. 용기 있는 사람이 시작한 미투 운동에 점차 힘을 보태고 목소리를 키워서 대항을 모색한 일은 연대의 힘과 그 중요성을 일깨워 준 일이었다.

마지막으로 우리가 배움에서 중요하고도 시급히 다루어야 할 내용은 경계를 존중하는 교육이다. 이진희 연구원은 이를 '사려 깊은 무관심'이라 칭했다. 개개인의 차이를 드러낼 수 있도록 언제든지 배려해 준다는 뜻이다. 바꾸어 말하면 함부로 개입하지 않고 적절한 거리를 유지하며 존중하는 것을 의미한다. 이것은 한국 사회에 개인주의가 제대로 정착되는 일과도 관련된다.

남녀를 떠나서 상대방에게 부정적인 경험을 심어 주고 있지는 않은지 돌아볼 필요가 있다. 양방에서 변화가 일어나 진화되는 사회 속에서 다음 세대의 새싹들은 이 문제로 고민하는 일이 덜 생기기를 바라본다. 우리는 누구나 동등한 인간으로 존중받기를 원한다. *

언택트untact 기술과
비대면 사회

'접촉'하지 않고 '접속'하는 시대를 반영한 '언택트'가 회자되고 있다. 우선 접촉touch은 만지거나 신체가 만나는 행위로 타인과의 '관계contact'의 뜻을 담는다. 'touch'의 유의어이기도 한 'tact'의 본뜻은 다른 누군가를 '섬세하게 만지다'이다. touch를 뜻하는 라틴어 'tactus'에서 파생되어 19세기 초 프랑스어에서 '재치' 혹은 '기지機智'라는 현대적 의미를 획득하였다.

'tact'의 본래 사전적 의미는 "1) 남의 감정을 해치지 않거나 호감을 얻고자 처신하는 데 적합하고 온당한 방법에 대해 민첩하고 섬세한 감각, 2) 인간을 다루는 또는 난감하거나 미묘한 상황을 헤쳐 나가는 기술 혹은 판단력, 3) 올바른 때에 올바르게 말하거나 올바르게 행동하는 능력"을 일컫는다. tact에 부정과 반대의 의미를 지닌 'un'이 접두사로 붙어서 '비대면'과 '비접촉'

을 뜻하는 단어가 'untact'이다.

언택트 기술, 즉 무인 서비스를 제공하는 언택트 마케팅의 증가는 거스를 수 없는 시대 변화이다. 데이터와 알고리즘에 기반을 둔 서비스는 무인 키오스크, 무인 카페, 자동 체크인과 체크아웃이 가능한 무인 호텔, 서빙 로봇, 챗봇 등 끝이 없다. 세계 최초의 무인 매장인 아마존 고Amazon Go를 비롯하여 국내에서도 패스트푸드 매장에서 터치스크린으로 주문하거나 일부 이마트 24와 같이 사람이 없는 편의점에서 셀프 계산을 하고, 은행과 증권사에서는 온라인으로 은행 계좌 계설과 디지털 금융 상품을 가입하는 일은 일상적이다. 대학에서는 스마트폰으로 출석을 확인하는 곳도 있다. 교수가 출석부를 보면서 학생의 이름을 부르고 얼굴을 확인하지 않아도 인증 번호를 생성하면 출석 확인이 된다. 화장품 업계에서는 증강 현실을 도입하여 화장품을 바르지 않아도 메이크업을 체험한 후 자신에게 어울리는 제품을 고를 수 있는 앱을 개발하는 등 비대면 서비스는 이미 사회 전반에 스며들었다.

언택트 기술은 소비자의 시간을 절약해 주고 매장에 직접 방문하지 않아도 되는 편리성을 제공한다. 생산자나 판매자의 입장에서도 일일이 고객에게 반복적으로 설명하고 안내할 필요가 없다. 무엇보다 인건비를 절감한다는 커다란 경제성이 있다. 한편으로 언택트의 확산은 대면의 피로감과 과잉 연결에서 벗어나고자 하는 사회 심리적 현상과도 관련된다. 특히 인간관계로 인한 스트레스가 높은 한국에서는 대면하여 말을 섞지 않아도 되는 비대면 기술을 장점으로 느끼는 사람이 많을 것이다. 최근 '호캉스(호텔과 바캉스의 합성어)' 트렌드를 소개하는 기사에 달린 댓글 중에서 "요즘 현대인은 서로를 정말 싫어한다. 어쩔 수 없이 친한 척하고 어울리고 있을 뿐", "인간에 지쳐서 그림자도 보기 싫다" 와 같은 의견이 많은 공감을 받았다.

관계에서 오는 고단함이 심해지고 누군가와 오래 함께 있는 것에 부담을 느끼는 사람들은 자발적 단절을 택하고 그에 따르는 해방감을 선호한다. 감정 소모를 최소화하고 각종 위험 요소를 줄이기 위해 애초에 소통하지 않는 편안함을 추구하는 것이다. 이는 상식과 합리가 통하지 않는 사회 속에서 함부로 간섭받거나 개입당하는 일을 사전에 차단하려는 것인지도 모른다. 그렇다면 사람과 만나고 섞이면서 겪는 과정의 스트레스를 최소화하는 기술을 반기지 않을 이유가 없어 보인다.

나만하더라도 일을 제외하고 사적인 영역에서는 되도록 대면을 줄인다. 내가 경험한 한국 사회는 예의나 매너가 놀랍도록 생략되어 있고 말과 행동이 폭력적이며 상호 존중하고 인정하며 배려하는 문화가 부족하다. 그간 다양한 분야의 많은 사람들과 만나 배운 것도 많았으나 부조리한 사회 속에서 불합리하고 불쾌한 경험들이 압도적이었다. 그것은 결과적으로 나의 몸과 마음에 해가 되었다. 그래서인지 혼자 있음을 온전히 즐기고 나에게 집중할 때 정신적으로 얼마나 풍요로워지는지 일찍 깨닫게 되었다. 또한 누구나 상처를 주고받으며 살아가기에 복잡하고 어려운 인간관계에 얽히는 것보다 자신에게 집중하며 평화로워지는 쪽에 마음이 기운다.

비대면 사회가 제기하는 다른 측면의 이슈도 만만치 않다. 마트 계산원 등 서비스직을 중심으로 일자리가 사라지면서 인력 시장의 변화는 불가피하다. 기술의 혜택을 누릴 수 없는 계층, 특히 고령층은 기술로부터의 소외감과 불편함을 느끼고 있다. 무인 계산대 앞에서 어떻게 해야 할지 모르거나 발길을 돌리는 노인들을 종종 보았다. 이미 세대 간 기술 접근성에 격차가 벌어지고 불평등이 생기는 현실이다.

또한 비대면 사회 속에서 자신이 원하는 사람만 선택적으로 관계를 취하면 이로울 것 같지만 그만큼 인간을 단순히 분류하고 정량화하여 내면화시키는 경향에 대한 우려의 시선도 있다. 나와 다른 사고와 감각을 가진 사람들, 다른 세계에 사는 사람들이 만나는 것조차 어려운 세상이 될 수도 있다.

커뮤니케이션의 본질은 언어적인 측면보다 비언어적인 전달이 70% 가량을 차지한다. 신체와 신체가 만나서 눈을 보고 대화하며 얼굴 표정과 태도를 읽어 나갈 때 오해를 줄이고 소통의 정확도를 높인다. 글의 경우 내용은 친절하지만 발신인은 다른 속마음으로 작성한 것일 수도 있다. 카톡이나 문자의 형태는 맥락과 정황이 간과되거나 무시되기 쉽고 서로 다르게 해석하는 불확실성과 한계가 있다.

카톡 문자에 익숙하여 전화 통화하는 일을 어려워하며 공포마저 느낀다는 1020세대와 퇴사나 이별을 대신 전하는 감정대리인이 등장한 것을 보면 대면에 서툰 사람들이 낯선 타인과 적절한 상호 작용을 하는 데 겪게 될 문제들은 적지 않아 보인다. 언택트에 익숙해지면 개별적 상황과 차이가 지닌 맥락을 고려하여 조율하는 능력이 점점 떨어질 수 있다. 언제나 정해진 말만을 주고받을 수 없기에 소통에 따른 감정 소모를 예측하기도 어렵고, 예외적인 돌발 상황에서의 유연한 대응은 취약해진다.

어쨌거나 문제는 사람이라면 여전히 타인을 만날 수밖에 없는 운명이라는 점이다. 사르트르Jean Paul Sartre 말처럼 문자 그대로 '타인은 지옥'이기도 하지만 사람들은 여전히 중요한 일을 결정하거나 원활한 소통을 위해서 타인과 대면하는 수고로움을 치루고 있다. 대면이라서 가능한 긍정적인 측면도 강력하기에 사람 간 접촉이 영영 사라지기는 힘들 것이다. 오히려 진정한 소통과 유의미한 교류에 갈증을 느끼고 아날로그적인 생활을 추구하는 흐름이 생길 수도 있다. 무엇보다 언택트 기술은 인간을 위하는 것처럼 보이지만 인간을 소외시키는 양면성을 함께 고려해야 한다.

『터칭Touching』의 저자인 인류학자 애슐리 몬터규Ashely Montagu 는 그의 책에서 접촉 경험에 실패한 아이가 타인과의 관계에서 육체적으로는 물론 정신적, 행동적으로 서툰 인간으로 성장함을 지적하면서 타인과 생애 첫 의사소통을 시작할 때 인간이 촉각을 통한 탐색으로 첫발을 내딛는다는 사실을 상기시킨 바 있다. 만약 촉각적 경험이 부족하다면 이 글 초반에 언급한 '기지tact'를 갖춘 존재로 발달하는 데 실패하고 타인의 욕구에 둔감하며 대처하는 데 서툰 존재로 성장한다고 언급한다. 그의 주장처럼 타인과의 교감 그리고 사랑을 알기 위해 가장 기본이 되는 경험은 접촉이다. 언택트의 핵심은 '사람이 없다'는 것이지만 그 기술을 선택하고 삶에 반영하는 것도 결국 사람이다. *

수원청개구리를
다시 만지려면

나는 지금까지 삶의 대부분을 수원에서 보내 왔다. 학교와 직장은 다른 지역이었어도 수원을 떠난 적이 없다. 수원을 대표하는 상징을 꼽자면 유네스코 세계문화유산으로 지정된 수원 화성과 수원시 공식 캐릭터이자 상징인 '수원청개구리'를 들겠다. 전자는 널리 알려졌으나 후자는 다소 생소할 수 있다.

우선 수원水原은 문자 그대로 물의 근원지라는 뜻이다. 수원의 옛 지명은 모수국牟水國, 매홀買忽, 수성水城, 수주水洲로 불리며 물이 풍부하고 많은 도시라는 뜻을 담았다. 나는 생태 도시를 지향하는 수원에서 지속 가능한 환경의 중요성을 배우며 성장했다. 중학교 재학 중에는 수원환경운동센터와 인연이 닿아 산으로 강으로 환경 탐사를 따라다니며 살아 있는 현장을 익히곤 했다. 당시 몸으로 감각하고 체득한 생태적 감수성이 세상을 바라보고 이해하는 하나의 관점을 만들어 주었고 현재의 사고와 행동에도 영향을 주었다고 생각한다. 환경 생태계와 생물 다양성에 대한 관심은 내가 감정적으로 메마르지 않고 세상에 대한 호기심을 놓지 않는 데 큰 도움이 되었다.

어릴 적 살던 집과 가까운 곳에 광활히 펼쳐진 논 지대가 있었다. 집에서 학교로 가는 길목에 있어 늘 거치는 일상적인 장소였다. 나는 그 풍경 속으로 들어갈 때마다 어떤 안도감과 평화로움을 느꼈다. 그곳을 지나면 코끝에 스치는 풀의 향기와 논에서 서식하는 각종 생물체의 울음소리, 몸으로 전해지는 특유의 습한 온도를 감지하였다. 시간과 계절의 변화에 따라 같은 장소를 다르게 감각하게 되는 미세한 차이는 새로운 매일을 선물해 주었다. 그래서 논 지대를 끼고 걷는 일은 조금도 지루하지 않았다.

그곳을 떠올리면 맹렬히 울어 대는 청개구리가 떠오른다. '개굴개굴 개구리 노래를 한다'로 시작하는 동요는 사실이었다. 당시만 해도 논 가까이 다가가면 청개구리를 어렵지 않게 볼 수 있었다. 논둑에 오밀조밀 모여 있는 올챙이 알이 변신하여 어떻게 뒷다리도 생기고 꼬리는 없어져서 개구리가 되는지 마냥 신기했다. 이렇게 성장한 개구리가 힘차게 멀리 점프하는 모습이나 잎을 꽉 붙잡고 매달려서 유유히 바람을 타던 용감함에 감탄하던 기억이 난다. 그들 중에는 지금은 거의 볼 수 없는 수원청개구리도 있었을 것이다.

나는 처음으로 청개구리를 만져 본 신비로운 순간을 간직하고 있다. 물기를 머금고 연둣빛을 띤 연약한 생명체가 손바닥 안에서 숨 쉬는 모습은 경이로움 그 자체였다. 손가락 끝에 닿은 얇고 보드라운 피부 표면은 지금도 잊혀지지 않는다. 매끈하고 촉촉한 감촉은 인간의 피부와는 확연히 다른 것이었다. 나와 다른 존재가 이렇게 어딘가에서 살아가며 만나기도 하는구나! 청개구리를 다시 자연으로 돌려주면서 이 작고 소중한 생명체를 보호해 주고 싶다는 생각을 했다.

그러나 시간이 흘러 논 지대에는 대규모 아파트 단지들이 조성되었고 새로운 행정 구역으로 완전히 탈바꿈했다. 본래 그 땅이 어떤 기억을 지녔는지 짐작조차 할 수 없을 정도이다. 물의 근원의 흔적은 사라지고 도시의 건조한 소음만이 남은 곳에서 오래전 헤어진 청개구리의 얼굴을 더는 볼 수 없다.

수원청개구리는 1980년 일본 학자 구라모토〈らもと가 수원 농촌진흥청 앞 논에서 최초로 발견하였다. 그전까지 국내의 청개구리는 단 1종만 서식하는 것으로 알려졌다. DNA 검사 결과 청개구리와는 진화 경로가 완전히 다른 것으로 확인되어 고유 학명을 사용하였고, 수원에서 발견되었기에 학명에 최초로 지역의 이름이 반영되었다. 수원청개구리는 청개구리와는 전혀 다른 종으로 전 세계에서 우리나라에만 서식하는 한국 고유종이다. 그러나 지금은 보기 매우 힘들다.

수원청개구리는 30년이 지나도록 관심을 받지 못했고, 급격한 환경 변화와 택지 개발로 개체수가 급격히 감소하여 2012년에는 환경부 멸종 위기 1급 보호종으로 지정되었다. 그들은 논에서 태어나서 논에서만 살아가야 하는데 개발로 인해 살 곳이 점점

수원환경운동센터는 2012년부터 2주에 한 번씩 수원청개구리 모니터링을 실시
한다. 수원환경운동센터 홍은화 국장과 김대호 자연조사관이 수원 평리동 논 지
대에서 수원청개구리 모니터링을 하는 모습이다. 사진 © 유려한

외견상 청개구리와 수원청개구리를 구분하기는 어렵다. 보통 울음주머니의 색이
나 울음소리로 구분하는데, 청개구리는 꽥꽥꽥꽥 빠른 박자로 우는 반면 수원청
개구리는 끅끅끅끅 느린 박자로 질감이 독특한 소리를 낸다. 수원청개구리는 연
두 빛깔을 띠고 수컷의 울음주머니는 노란빛을 감도는 등 청개구리와는 생김새가
다르다. 개구리가 운다는 것은 번식할 수 있는 개체군이 있고 적합한 조건을 갖춘
산란지가 있다는 긍정적인 의미이다. © 수원환경운동센터

사라져가고 있다. 그마저도 알에서 올챙이로 부화하는 시기에 농약에 노출되거나 논둑의 풀 제거를 위한 제초제로 인해 죽는다. 논둑과 농수로는 흙이 아닌 시멘트로 발라 놓아서 백로의 눈을 피해 은신할 장소도 겨울잠을 잘 곳도 없어졌다. 수원청개구리의 서식지 보호 관리를 서둘러 지속해야 희망이 있다.

영국 옥스퍼드대 실험심리학과 찰스 스펜스Charles Spence 박사는 '감각의 비밀The Secrets of the Senses' 보고서에서 현대인의 감각 결핍을 경고하였다. 우리는 야외 생활에서 멀어져 하루의 대부분을 실내에서 보내는데, 그마저도 TV나 컴퓨터 앞에서 보낸다는 것이다. 비록 몸은 편해졌을지 몰라도 시각 이외에 다른 여러 감각을 골고루 자극받으려는 몸의 기본적인 욕구가 충족되지 못한다고 지적했다.

도시에서는 생명체를 접하며 알게 되는 작은 기쁨과 감동을 경험하기 어렵다. 우리말 관용구를 빌리자면 '피부로 느끼기 어렵다'. 즉 몸소 경험할 수 없다. 생태 환경 관련 프로그램에 참여하지 않는 이상 실제로 접하기도 힘들고, 그들 역시 어딘가에 숨어서 쉽게 존재를 드러내지 않는다. 우리가 미처 알기도 전에 사라지고 있는 실정이다.

요즘 초등학생들은 유튜브로 커뮤니케이션 한다. 그들의 손바닥에는 청개구리 대신 휴대폰이 들려 있다. 디지털 기기와 온라인 플랫폼이 그들의 놀이터이자 문화이다. 참 많은 것을 알고 있는 똑똑한 친구들이지만 다양한 몸의 경험을 통해서 얻는 신체적이고 정신적인 감각은 그만큼 떨어진 듯하다. 휴대폰만으로 자연을 접한다면 생태계를 접촉하여야만 터득할 수 있는 감수성은 어떻게 획득할 수 있을까? 하루의 대부분을 휴대폰이나 노트북 자판만 만지는 삶은 과연 괜찮은 삶일까? 훗날 무엇을 만졌는지 추억할 때 휴대폰과 노트북만 떠오른다면 말이다. 자연의 다양한 생명체와 교감한 경험에 대해서 이야기할 수 없는 세상은 비극이다. 삶의 일부인 그들을 휴대폰 화면으로 접하며 인간과 동떨어진 객체쯤으로 보는 일이 안타깝다.

수원청개구리 모니터링에서 만난 김대호 자연조사관은 어린 시절부터 생명체를 도구로 삼아 서로 싸우고 빼앗는 놀이 대신 직접 기르며 관찰하는 태도를 체득한 경험을 들려주었다. 그는 오랜 시간을 그렇게 지내 왔기에 싫거나 징그럽게 여겨지는 생명체가 없다고 한다. 조사관의 목소리를 빌리자면 도시에서 살아가는 우리는 무언가 크게 놓치고 있다. 주변의 다양한 생명체들과 같이 부대끼고 놀면서 위안을 얻고 생명의 삶과 죽음에서 기쁨과 슬픔을 배우는 자연스러운 일이 삶에서 멀어지고 있다.

나는 수원청개구리 모니터링에서 멸종 위기 야생 생물 2급으로 지정된 금개구리와 참개구리만을 보았다. 김대호 조사관의 휴대폰 컬러링은 수원청개구리 울음소리다. 휴대폰 컬러링과 사진으로만 존재하는 녀석을 저녁 산책 나간 길목에서 만나게 되면 좋겠다. 그래서 오래전 그때처럼 감탄하고 싶다. 수원청개구리에게 진정으로 도움이 되는 체계적인 관리 보호가 이루어지길 지면을 빌어 희망한다. *

폴라 티가
싫었던 이유

촉각은 복합적이고 독특한 감각이다. 신체의 특정 부위가 아니라 온몸에 퍼져 있고 쾌락과 고통이라는 정반대의 감각을 느끼게 해 준다는 점에서 특히 그렇다. 촉각은 피부의 수백만 개의 감각 수용기를 통한다. 수용기는 압력과 진동의 변화에 반응하여 접촉의 세기를 감지한다. 피부 표면 아래 깊숙한 곳에 있는 압력 수용기 중에는 냉감이나 온감에 특화된 수용기도 있다. 이 중에서 수가 제일 많은 것이 통증 수용기이다. 수치로 표현하자면 피부 1제곱센티미터당 온감 1, 냉감 6, 압력 15, 통증은 200이다. 통각은 위험과 주의를 알려주는 감각으로 생존에 반드시 필요한 핵심적인 역할을 한다.

피부 수용기의 수는 신체 부위에 따라서도 많이 다른데, 손가락 끝에 긁힌 상처가 다리에 베인 상처보다 훨씬 더 아프게 느껴진다. 이렇게 신경 말단이 신체의 여러 표면에서 일어나는 미세한 일을 감지하여 척수와 뇌로 신호를 보낸다. 이때 머리 속에는 일종의 신체 지도가 만들어지는데 수용기의 수와 직접적으로 관련된다. 뇌에 형성된 신체 지도에 따르면 극도로 민감한 두 손은 거대하고, 발 크기는 가슴 크기와 같고 얼굴은 등 면적보다 더 크다.

사람에 따라 민감한 피부 부위가 있다. 어떤 사람들은 목을 감싸는 폴라 티를 입지 못하거나 입기 꺼려한다. 이들은 목에 자극이 가면 갑갑하고 숨 막히는 느낌을 받는다. 폴라 티뿐만 아니라 목걸이, 목도리 등 목에 무언가 걸치거나 닿는 것 자체에 거부감을 느낀다. 심하면 셔츠의 단추도 끝까지 잠그지 못하거나 넥타이를 맬 수 없게 된다.

돌아보면 나도 어릴 때는 그랬다. 엄마가 색깔별로 사다 놓은 폴라 티는 왜 그리도 많았는지 날씨가 쌀쌀해지는 시즌이 되면 폴라 티를 입을 생각에 괴로웠다. 엄마는 내가 감기 걸릴 것을 염려하여 폴라 티를 입혀 놓고 만족해하실 때, 나는 목이 졸리는 느낌이 싫어서 목 부분을 몰래 아래로 잡아당겨 늘어나길 바랐다. 지금은 신기하게 그런 느낌이 온데간데없어져서 폴라 티를 즐겨 입는다.

불쾌한 촉각 자극을 느끼는 증상의 의학적 명칭은 '촉각 방어'이다. 이는 만져지는 느낌에 대한 부정적이고 정서적인 반응 경향을 말한다(이하 스브스 스토리 2018년 3월 14일 기사 참조). 인구의 6~20% 정도가 이런 증상을 보이는데 이들은 특정 부위에 닿는 감각을 위험하니 피해야 한다고 받아들인다. 외부 자극을 위험으로 인식해서 몸을 지키기 위한 작용이다. 머리를 쓰다듬거나 물컹한 대상에 닿는 것을 싫어하는 것도 촉각 방어에 해당한다. 어릴 때 발달하는 촉각 방어 현상은 성장하면서 서서히 사라지는데 목, 구강, 얼굴 등 일부 부위는 그대로 남는 경우도 있다고 한다.

그런데 이러한 증상이 타인에게 잘 이해받지 못하고 억지로 수용하게 되면 좋지 않은 기억 때문에 촉각 방어는 더 심해진다. 이를 완화하는 방법은 매일 2~3시간마다 3분 정도 좋은 촉각 자극을 계속 주는 것이다. 촉각에 대한 좋은 기억을 더 많이 남기면 좋아질 수도 있다고 한다. 촉각 방어가 심한 유아 및 어린이들은 감각 통합 치료를 통해서 타고난 촉각 방어를 줄여 줄 수 있다. 또한 기질이 까다롭고 감각이 예민한 아이들 중에는 편식이 심한 경우가 있다. 입안에서 씹거나 삼킬 때의 식감 자체를 싫어하거나 목으로 넘어갈 때 느껴지는 감각이 싫은 음식을 먹지 않으려고 하기 때문이기도 하다. 이런 경우에는 아이가 싫어하는 식감의 음식을 피하면 자연스럽게 편식이 고쳐진다고 한다.

조금 다른 맥락에서 브래지어도 비슷하다. 나는 여름에 웃통을 벗고 농구하는 남자들을 볼 때마다 부러웠다(만일 내가 그렇게 한다면 노출증 환자로 뉴스에 나올 일이다). 외출 후 집에 오면 손을 씻고 가장 먼저 하는 일이 옷을 갈아입으면서 브래지어를 벗는 것이다. 나는 브래지어가 가슴살을 옥죄는 쇠사슬처럼 느껴져서 답답하고 불편하다. 외출했다가 빨리 집에 오고 싶은 이유 중 하나가 브래지어를 벗어야만 비로소 해방감을 느끼기 때문이다. 최근 브래지어를 입지 않고 착용할 수 있는 티셔츠인 노브라티가 잘 팔린다는데, 개개인별로 체형이 다르기 때문에 아직 개발되어야 할 점이 많다고 한다. 나처럼 노브라는 싫지만 불편을 감내하는 여성들을 위해서 피부 자극에 거슬리지 않는 발전적인 언더웨어가 나오길 손꼽아 기다리고 있다. *

.

해먹과 죽부인
그리고 바람

한국의 옛 조상들에게는 더운 여름을 보내는 몇 가지 피서법이 있었다. 대표적인 것이 차가운 물에 발을 깨끗이 씻거나 산간 계곡의 물에 발을 담그고 더위를 쫓는 '탁족濯足'이다. 온몸의 신경이 집중되어 있는 고단한 발 위에 시원한 물 한 바가지를 뿌리는 일은 맑은 물이 떨어지는 시각적인 효과에 차가운 물로 인해서 실제 몸의 온도가 낮아지는 효과가 더해진 탁월한 방법이었다고 한다. 다른 하나는 바람이 잘 통하는 한옥 대청마루에서 오수午睡, 즉 낮잠을 자는 일이다. 이때 빠질 수 없는 것이 죽부인이다.

죽부인은 대자리나 모시 침구와 함께 더위를 극복하는 필수 아이템이었다. 죽부인을 끌어안고 낮잠을 청하면 오전의 분주함과 뜨거운 공기로 기운이 떨어진 몸의 피곤함을 덜곤 했다. 하지

사진 ⓒ 유려한

만 에어컨과 쿨 매트의 등장으로 죽부인은 우리의 일상에서 멀어졌다.

남산골 한옥마을에서 한여름 오수 체험으로 대청마루에서 죽부인을 안고 더위를 피해 보았다. 죽부인은 사람 키만큼 기다랗다. 대를 쪼개어 매끈하게 다듬은 것을 얼기설기 엮어서 야무지게 짜 놓았다. 누워서 안고 자기에 알맞은 긴 원통형은 가운데 속이 비어 있어서 공기가 잘 통하고 단단하면서도 탄력성이 있다. 또한 척추의 부담을 덜고 근육 긴장을 풀어 주는 효과도 있어서 숙면을 취하는 좋은 방법이라고 한다.

죽부인을 끌어안고 눕거나 다리를 척 올려 두면 살에 닿은 대나무 표면의 특유하고 차가운 감촉이 느껴진다. 대나무 자체로 시원한 느낌을 주는 데다 대청마루에 불어오는 바람을 맞으면 몸에 오른 열감이 누그러지는 기분이다. 더운 날 바람이 솔솔 불어오는 대청마루에서 죽부인을 다리 사이에 끼고 꿀잠을 자는 환경에서 살면 좋겠다는 생각이 들었다. 1시간의 낮잠 체험은 너무나 빨리 지나가 버렸다.

해먹은 내게 자유와 해방의 상징이다. 보통 나무 사이에 걸어 두어 공중에 떠 있는 해먹은 고정되어 있지 않아서 움직일 수 있다. 그네처럼 흔들거리는 해먹에 누워서 시원한 바람을 맞고 햇볕을 즐기면 그곳이 바로 꿈꾸는 이상향이다. 해먹에서는 낮잠도 자고 음식을 먹거나 책을 읽을 수도 있다. 독일 비스바덴의 건강 운동학 과학자인 디터 브라이테커Dieter Breithecker 박사는 해

사진 © 유려한

먹이 환자들을 위한 치료 수단이자 어린이들의 몸의 균형과 자극을 위한 좋은 장치라는 연구를 내놓기도 했다. 해먹의 장점은 타인과 분리된 독립된 공간이라는 점이다. 나만의 작은 세계에서 휴식과 평온을 얻기에 안성맞춤이다. 그 밖에 대형 해먹, 에어 해먹, 아티스트가 만든 어린이를 위한 창의적인 그물 해먹, 반려동물용 해먹도 있다. 가정집이나 실내 카페에 설치하면 분위기를 전환하는 좋은 인테리어가 되기도 한다.

　나는 휴식을 상징하는 아이템으로 동양의 죽부인과 서양의 해먹을 꼽는다. 죽부인과 해먹의 공통점은 바람을 보다 잘 느끼게 해 주는 도구이면서 휴식과 여가를 담고 있다는 점이다. 수면 부족을 호소하는 한국 사람들에게 일상에서 작은 휴식의 아이템으로 널리 활용되면 좋겠다고 생각한다. 언젠가 전시장에서 해먹으로 낮잠 서비스를 제공하는 기획을 한 적이 있다. 회사나 학교에서 피곤함이 몰려오면 쉴 수 있는 1인 1해먹이나 죽부인 문화 운동을 벌이고도 싶었다. 물론 고급 안마 의자도 있지만 말이다. 휴식과 여가가 중요하다는 것을 알고 있지만 그럴 시간이 부족하거나 어떻게 쉬어야 하는지 모르는 사람들에게 이런 작은 아이템이 잠깐이나마 기분 전환이 될 수 있지는 않을까? *

2 장

촉각, 모험을 하다

녹지 않는
Snowball

일정한 시간이 지나면 흔적도 없이 사라져 버리는 것들 중에 눈이 있다. 겨울에만 자기 존재를 드러내는 눈은 저마다에게 기억과 추억을 남기고 다음 계절을 기약한다. 언젠가 온통 눈으로 뒤덮인 학교 운동장에 홀로 서 있던 기억을 떠올려 본다. 겨울 햇살 아래 눈부신 눈을 두 발로 딛고서 생소한 풍경 속으로 점점 스며든다. 눈 속에 발이 푹푹 들어갈 때마다 거대한 구름 솜사탕 위를 걷는 기분이다. 눈은 자꾸만 무엇이든 해 보라고 용기를 준다. 그러면 바둑이가 되어 흰 캔버스 위에 총총총 발자국을 남긴다. 두 발은 붓이 되어 이름을 적기도 하고 때로는 누군가의 얼굴을 그려 본다. 관대하게 허락된 유일한 낙서가 있다면 바로 이것이 아닐는지.

눈은 여전히 감각을 전환하고 상상을 촉발시키는 매개체로 여전히 유효하다. 더 이상 눈을 대수롭지 않게 여기는 사람에게도 과거의 어느 시절에는 설렘을 안겨 주었음을 의심치 않는다. 눈에 대한 환경적 지표와 오염 사실도 계절의 낭만 앞에서는 곧잘 힘을 잃는다. 누군가는 눈이 내려야 겨울다운 겨울이 왔음을 느끼고 눈으로 뒤덮인 창밖의 세상을 바라보며 차 한 잔과 함께 감상에 젖는다. 어떤 이는 겨울 스포츠를 즐기기 적합한 곳을 검색하고 혹자는 제설 작업의 골치 아픔을 토로하거나 폭설 특보에 귀 기울이며 신경이 곤두설 것이다. 어린이들은 바깥에서 눈과 함께 뒹구는 일이 허락된다면 그들의 웃고 떠드는 에너지가 공간을 가득 메울 것이다.

눈이 제법 온 날에는 「겨울왕국」의 올라프와 같은 눈사람을 보는 일이 어렵지 않다. 우리 안의 잠재된 익명의 예술가가 골목과 운동장 때로는 주차장에 등장한다. 그들의 작품을 바라보면 그 시간 속에 머물던 이의 즐거운 마음이 스쳐서 미소 짓곤 한다. 우리는 눈이 무엇인지 잘 알고 있으나 영원하지 않음을 알기에 매번 특별히 여기는지도 모른다. 그래서 눈이 내리는 날에는 손이라도 뻗어서 만져 보고 싶고 형태가 있는 무언가를 만들어 보고 싶은 것은 아닐는지. 아이스크림처럼 녹아 버릴 것을 알면서도 작은 이글루를 만드는 수고스러운 행위는 물로 이루어진 얼음 알갱이에 나만의 의미를 부여하며 조금이라도 곁에 두고 싶은 마음일 게다.

핀란드에는 이러한 눈의 속성을 기막히게 살려 낸 디자인 아이템이 있다. 특정한 시기에만 눈을 감각하는 것이 아니라 일상

Everyday Design, Snowball Design: Helena Mattila and Anne Kosonen
사진 출처: https://everydaydesign.fi/

에서 언제든 만질 수 있는 '눈 뭉치snowball'가 바로 그것이다. 녹지도 않고 집 밖으로 나가지 않아도 만질 수 있는 눈 뭉치라니 그 얼마나 기발한 생각인가! 나는 2011년 헬싱키의 어느 디자인 숍에서 'Everyday Design'이 제작한 '눈 뭉치'를 발견했다. 지름 7cm에 0.15kg 정도에 달하는 눈 뭉치를 손에 쥐고 가볍게 누르면 차갑지는 않으면서 진짜 눈 뭉치를 만지는 촉감을 얻는다. 눈에 힘을 가하면 미세하게 부서지고 밀리는 느낌을 완벽히 되살려 구현한 디자인이다. 더불어 눈 뭉치를 누를 때마다 뽀드득거리는 소리는 실제 눈을 뭉치고 만질 때 나는 소리와 거의 똑같이 들린다. 눈처럼 눌리는 작은 존재는 순식간에 긍정적인 에너지를 내뿜는다.

눈 뭉치의 외양을 구현한 그 자체로도 신기하지만 여기에는 한 가지 특별함이 더해지는데, 눈 뭉치를 쥐고 있으면 눈을 가지고 놀던 어린 시절의 따뜻한 기억을 회상하게 된다는 점이다. 간단한 아이디어로 일상의 기쁨을 되살리는 일은 소중하다. 바로 여기에 일상에 기반을 둔 촉각 디자인의 힘이 있다.

나는 눈으로 촉각적 기억을 되살리는 영민한 아이디어에 매료되어 몇 개를 구입한 후 할아버지께 선물해 드렸다. 눈 뭉치를 손에 넣고 쥐락펴락하며 놀라시던 모습이 지금도 눈에 선하다. 할아버지는 TV를 보실 때나 주무실 때도 습관처럼 눈 뭉치를 만지곤 하셨다. 이 디자인은 사용자를 위한 기능적인 측면도 지니고 있는데 특히 노인들에게 도움이 된다. Everyday Design은 눈 뭉치가 손 근육의 이완과 혈액 순환을 촉진을 돕고 스트레스를 낮추는 기능까지 고려한 것이라고 설명한다. 무료한 일상을 보내는 노인들에게 작은 도움과 자극이 되는 촉각 디자인의 좋은 사례이다.

핀란드 Everyday Design은 삶 속에 깃든 다양한 기능적 측면을 발굴하여 시간을 초월한 디자인 제품을 만든다. 이 창의적인 '눈 뭉치'를 만든 사람은 Everyday Design의 CEO이자 수석 디자이너인 헬레나 마틸라Helena Mattila와 인테리어 디자이너 앤 코소넨Anne Kosonen이다. 1995년에 회사를 설립한 이후로 가족이 회사를 운영 중이다. 마틸라는 법과 국제 금융을 전공하였다. 본래 의사가 되고 싶었지만 의과 대학을 가지 못했다고 한다. 의사가 되는 길은 막혔으나 여전히 사람들을 돕는 일을 하고 싶었던 그녀는 일상 생활의 작은 상황을 관찰하고 연구한 몇 가지 아이디어를 하나씩 구현해 보기 시작한다. 일종의 취미로 시작한 일상의 디자인 제품들은 회사의 이름과 비전으로 이어졌다. 눈 뭉치 디자인은 각종 국제 디자인 어워드를 수상하였고 뉴욕 현대 미술관MoMA과 영국의 디자인 뮤지엄에서도 이들의 디자인 제품을 만날 수 있다.

그녀는 나와 이메일로 주고받은 서면 인터뷰에서 자신은 자연으로부터 영감을 얻으며 생태적이고 간단한 삶의 방식을 좋아한다고 전했다. 마틸라의 삶의 철학은 쥬얼리나 럭셔리 제품 계열의 디자인이 아니라 일상 속 디자인을 실천한 것에 영향을 미쳤다. 눈 뭉치 제작 방법에 호기심이 생겨 그에 대해 문의하자 '핀란드 비밀'로서 그간 눈 뭉치 수작업 제작 비법을 지키려 노력해 왔다는 대답이 돌아왔다. 앞으로도 그 비밀을 지키고 싶어 하기에 더 이상 묻지 않았다. 눈 뭉치를 자르고 갈라서 비밀을 알아낼 수도 있겠지만 눈 뭉치의 신비함을 간직하고 싶어서 황금알을 낳는 거위의 배는 가르지 않기로 했다.

눈 뭉치는 늘 밝은 흰색의 상태로 남아 있지는 않다. 여러 번 손길이 닿기에 겉 고무 부분은 닳아서 없어지기도 한다. 마틸라는 오래전 내가 구입한 눈 뭉치의 상태를 염려하며 새로운 눈 뭉치 몇 개를 보내 주었다. 인생의 대부분을 사람을 향해 온 디자이너의 세심함을 느낀 대목이었다.

내 곁에는 더 이상 눈 뭉치를 전해 드릴 할아버지가 계시지 않는다. 핀란드에서 날아온 새로운 눈 뭉치를 손에 쥐고 있으니 그것을 처음 발견하고 신기해하던 나의 지난날과 할아버지를 다시 추억하게 되었다. 눈 뭉치 디자인의 힘은 기억과 추억의 힘을 포착한 데 있다. 촉각에 기반을 둔 일상적이고 간결한 디자인이 따뜻함을 선물하는 순간이다. ＊

미술가 윤석남의 나무와
촉각적 감수성

　나무는 이유 없이 좋다. 나무는 자연을 느끼게 해 주는 대표적인 식물이면서 어쩐지 친근하고 편안한 존재이다. 말없이 늘 그 자리에 꿋꿋하게 있어 주어 듬직하고 강인한 느낌도 전달한다. 사람의 인격이나 성품을 비유할 때 '나무 같은 사람'이라는 표현이 쓰이는 것을 보면 사람들은 나무로부터 긍정적인 느낌을 받는 것이 틀림없다.

　우리 주변에서 쉽게 접할 수 있는 나무는 다양한 재료가 되어 변신한다. 나무를 재료로 써서 예술 작품을 만드는 작가들이 많지만 나무에서 사람의 피부와 얼굴을 발견한 어느 예술가의 작업을 통해 촉각적 감수성을 소개하고자 한다. 버려지고 잘린 나무를 다시 예술로 태어나게 하고 여성과 상처 받은 존재들의 이야기를 오롯이 위로하는 윤석남 작가이다.

1939년 만주에서 태어난 작가는 한국의 대표적인 여성주의 미술가로 불린다. 미술 정규 교육을 받지 않은 가정주부는 "더 이상 이렇게 살 수 없어서" 나이 마흔에 예술로 뛰어들었고 여든이 넘은 지금도 예술과 삶을 한 몸처럼 살아간다. 윤석남 작가의 작품은 여타의 미술 비평이나 설명 없이도 가슴을 '훅' 치고 들어오는 감수성을 지닌다. 그것은 보는 이로 하여금 '훅' 연결 고리를 거는 놀라운 예술적인 힘이다.

윤석남 작가의 작품에서는 스스로를 지독하게 고민하고 표현하려는 사람에게서 마침내 비집고 터져 나오는 감성을 마주한다. 고갈되지 않고 영원히 살아 숨 쉬는 이야기 같은 예술을 만난 이후로 나는 윤석남 작가의 세계에 열광하게 되었다. 작가의 작업실에서 나무와 촉각적 감수성에 대한 이야기를 나누었다.

작가는 1990년도에 뉴욕 브롱크스 미술관Bronx Museum of the Arts에서 어느 콜롬비아 작가가 나무로 만든 대형 인물 작품을 보고 큰 감동을 받았다. 높이 6m 정도에 달하는 나무 조각에는 콜롬비아가 스페인으로부터 독립할 때 독립을 추진하고 도운 6명의 인물들이 담겼다. 그중에는 걸어가는 체 게바라 나무 조각상도 있었다. 폐 나무 조각을 이어 붙인 것은 실제로 납작한 형태였지만 입체적으로 보였는데, 이를 계기로 평면 회화만이 좋은 예술 재료가 아니라고 깨닫게 된다.

한국에 돌아온 작가는 어쩐지 허난설헌 생가에 가 보고 싶어졌다. 강원도 허난설헌 초가집을 찾고서 왠지 가슴이 뻐근하여 한편에 앉아 있다가 저녁 햇살이 들어오는 곳으로 시선을 돌렸

작업실 한 켠에서
다듬고 정리한 나무를
보여 주는 윤석남 작가
사진 © 유려한

윤석남, 허난설헌, 115×110×70cm, mixed media, 2005 © 윤석남

다. 그곳에 놓여 있던 20cm 정도의 동그란 나무 조각을 발견하고는 운명처럼 그것을 작업실로 가져오게 된다. 그 나무의 동그란 표면에 아크릴 물감으로 허난설헌을 그려 보았다. 허난설헌 생가의 감나무 조각은 허난설헌의 얼굴을 하고서 그렇게 윤석남 작가 최초의 나무 작품이 되었다.

허난설헌 작품 이후 작가는 주변에 보이는 대로 나무를 줍고 모으기 시작한다. 생나무가 아니라 헌 나무나 버려져 있던 나무 조각들이 그녀의 손에 들렸다. 나무를 다루는 기술이나 조각에 대한 지식은 없었기에 하나씩 부딪히고 알아 가면서 나무 작업에 몰두하였다. 작가에게는 나무의 둥근 면의 질감이 독특하게 다가왔고 그 위에 계속 드로잉을 하니 여자의 얼굴에 가깝게 보였다고 한다. 작가만의 감성으로 나무 위에 그림을 그린 것은 사람의 얼굴, 곧 엄마의 얼굴이 되었다. 이것들이 모여서 1993년 《어머니의 눈》 전시로 탄생하게 된다.

그 후 작가는 주운 나무만으로는 부족하여 나무 제련소에 직접 방문한다. 수입된 큰 나무들 중 땔감으로 쓰이는 화목의 남은 자투리 나무를 사서 작업을 이어 나간다. 나무의 표면은 물로 비누칠하여 하나씩 깨끗이 정리하였다. 나무껍질이 다 벗겨진 매끈한 상태의 모습은 다채로웠다. 구불구불하거나 옹이가 패어져 있는 부분, 갈라진 부분, 가지가 튀어나온 부분들이 되레 자연스럽게 느껴졌다. 잘려진 나무임에도 나무의 표면에서는 따뜻함이 묻어났다. 작가는 그런 부분을 일부러 수정하지 않고 나무 표면의 물성과 질감을 그대로 이어받아 살렸다.

예술가는 나무를 다루고 대하다 보니 그 안에서 어떤 현상을 포착하게 되었다. 나무에서 어떤 형상을 발견하면 자연스레 사람의 표정을 떠올렸다. 수십 년간 외부의 풍파를 겪은 나무도 그 속을 들여다보면 또 다른 세상이 있었다. 나무 안에는 이미 사람의 형상이 있어서 감각적으로 끄집어내는 것이 작가의 역할이었다. 각기 다른 나무의 느낌을 받아서 그대로 그리기만 하면 되었다. 어떤 나무는 가운데 콧구멍을 가지고 있는 것처럼 보였는데 꼭 자기 자신처럼 느껴졌다. 그 나무에는 어릴 적 자신의 얼굴을 그렸다. 나무에 있던 평범한 두 개의 작은 구멍을 보고 콧구멍과 어린 시절의 자신을 떠올릴 수 있는 것은 오랜 관찰과 감각 덕분이다. 작가는 미술가가 지닌 능력은 손재주보다는 관심이고 관찰이라는 말을 덧붙였다. 그것은 곧 감각하고 상상하는 일을 일컫는다.

작가는 내게 나무를 다루면서 나무 자체가 살아 있는 존재처럼 느낀 일을 설명하였다. 깨끗해진 나무의 속살은 마치 사람의 피부처럼 느껴졌다. 나무를 깨끗하게 정리하는 과정이나 나무가 칼을 잘 받아들일 때 손으로 전해지는 느낌, 나무가 아크릴 물감을 빨아들이고 번쩍임 없이 본래 색깔만 그대로 뱉어 내는 특성은 작가가 꼽는 놀라운 순간이다. 나무가 살아 있는 대상처럼 느껴지면 나무에 감정 이입도 하게 되었다. 나무를 자르고 갈아 내어서 피부를 칠하고 눈과 귀를 그려 놓으면 나무가 말하는 것처럼 보였다. 작가는 가끔 혼자서 중얼거리며 나무에게 말도 걸고 대화하듯 작업했다. 나무의 피부에 올려진 예술은 사람의 얼굴을 하고서 작가의 얼굴을 마주했다.

작가의 어린 시절이 담긴 작은 작품. 작가는 작은 나무 토막의 가운데에 구멍이 나 있는 것을 보고 바로 자신의 콧구멍을 떠올렸다. 이 작품은 한 번도 전시된 적 없다. © 윤석남 사진 © 유려한

1,025마리의 유기견을 표현한 나무 조각 작품이다.
윤석남, 1,025 사람과 사람 없이, mixed media, installation view, 아르코 미술관 설치 전경, 2008 © 윤석남

작가는 눈도 머리도 아니고 손으로 감각하는 사람이 미술가라고 말했다. 자신에게는 촉각이 곧 눈과 같다는 것이다. 손의 감촉은 곧잘 의도하지 않은 방향으로 예술가를 이끌고 작업의 새로운 과정과 결과를 가져다주기도 한다. 작가는 자기 손의 감촉이 남다르다고 생각했다. 오랜 시간 나무를 고르고 다듬고 만져 온 시간들이 작가를 결국 나무와 닮은 사람, 나무와 같은 감촉을 지닌 사람으로 만들어 준 것은 아닐까 싶다.

대화하는 동안 작가에게선 물씬 나무의 투명한 향기가, 때로는 나무의 깨끗한 살결과 호흡이 느껴졌다. 작가는 손끝으로 나무와 대화하며 그 안에 진실함을 불어넣었다. 그녀에게 미술은 운명이고 나무는 그 운명을 받아 새로이 태어난 또 다른 그녀이자 이 땅의 여성들이었다. *

쏟아지는 빗속에서
젖지 않기

"오늘은 날이 참 좋구나."

엄마가 창문을 열고 그렇게 말씀하면 눈이 번쩍 떠졌다. 늦잠 자는 나를 깨우던 엄마만의 방식이자 둘 사이의 암호 같은 것이었다. 날이 좋다는 것은 화창한 날을 의미하지만 나에게는 다른 의미다. 유난히 비를 좋아하는 내게 좋은 날이란 곧 비가 오는 날이기 때문이다. 여기에 동의할 수 없는 사람이 많다는 것을 안다. 하지만 비 내리는 날 혹은 그 운치를 유독 좋아하는 사람들도 있다. 비를 소재로 하는 많은 노래와 영화 장면들을 떠올리면 비가 감정을 자아내고 기억을 부르는 매개체인 것만은 분명하다.

나는 세분화된 비의 종류 중에서도 장시간 쏟아지는 폭우를 가장 좋아하니 연중 가장 흥분되는 시즌은 장마철이다. 가뭄이 들어 바짝 갈라진 마음에 듬뿍 물을 주는 기분이랄까. 갈증 난 마음이 촉촉해지면 혈관에 새로운 피가 도는 느낌이다. 비 내리는 풍경을 바라보고 빗소리를 들으며 무언가에 집중하는 등 비로 인해 전환되는 주변의 크고 작은 변화들을 감지하는 일은 즐겁다.

비는 자연과 땅에게도 촉감적 대화 상대이다. 비에 젖은 땅에서 흙먼지가 올라오는 냄새, 축축하고 습한 공기, 파르르 떠는 꽃잎들, 엎어 놓은 바가지 위로 후두둑 떨어지는 소리, 비가 갠 후 가끔 하늘이 선물하는 무지개까지. 그저 감상하는 일뿐만 아니라 바깥으로 나가는 일도 우산을 쓰는 귀찮음도 내게는 문제가 되지 않는다. 가끔은 일부러 비를 맞기도 하니 말이다. 한동안 비를 구경하기 힘들어지면 빗소리만 모아 놓은 자연의 사운드를 찾아서 듣거나 비를 대신 맞아 주는 ASMR 채널을 틀어 놓기도 한다.

그나저나 누구나 한 번쯤은 야외에서 비를 맞아 본 경험이 있을 것이다. 그렇다면 비에 젖을 때 와 닿는 피부의 감각 ─ 특별할 것 없다고 생각되는 ─ 도 알고 있다. 혹시 야외가 아닌 실내에 폭우가 쏟아진다면 어떨까? 그 폭우 속을 걷되 우산 없이도 비에 젖지 않는다면? 장대비 사이에 서 있어도 비에 젖지 않는 초능력 같은 상상을 구현한 예술가의 작품이 있다. 바로 랜덤 인터내셔널Random International의 '레인룸Rain Room'이다. 레인룸은 2012년 영국 런던 바비칸센터Barbican Centre에서 처음 공개되어 미국 뉴욕 현대미술관, LA 카운티미술관, 중국 상하이 유즈미술관 등을 거쳐 2019년에는 부산 현대미술관에서 소개되었다.

레인룸 안으로 들어서면 어두운 공간에서 장대비가 쏟아지는 장면을 마주한다. 눈부신 조명을 배경으로 쉴 새 없이 내리 꽂히

　는 빗줄기는 극적으로 돋보이고 거침없이 내리는 빗소리는 공간
의 고요함을 부각시킨다. 이제 관람객이 할 일은 그 빗속으로 들
어가는 일이다. 두근거리는 마음으로 살며시 손을 앞으로 뻗어
천천히 발을 내딛어 본다. 분명히 비가 쏟아지고 있는데 내가 움
직이는 공간에서는 비에 젖지 않는다. 비를 맞지 않고 빗속에 있
다니 어떻게 이것이 가능할까?

　100제곱미터 공간의 천장에는 연속적으로 빗물이 쏟아지는

RANDOM INTERNATIONAL, Rain Room, 2019. Exhibited as part of Out of Control exhibition at Museum of Contemporary Art Busan, 2019. Photography by Museum of Contemporary Art Busan

거대한 인공 강우판이 설치되어 있다. 정수한 수돗물 4톤을 물탱크에 넣어 순환시키면 1분당 500리터씩 물이 쏟아진다. 여기에 1,582개의 천장 강우 밸브는 계속해서 열고 닫힌다. 5m 높이의 벽면 양 측면에 설치된 정교한 3D 카메라 4대가 사람의 움직임을 감지하고 강우 밸브를 제어하는 첨단 센서에 실시간으로 데이터를 전송한다. 그러면 사람이 있는 공간에서는 강우 밸브가 잠기고 빗방울이 멈추게 된다. 혹여 조금 서둘러 빨리 움직인다면 차가운 비를 맞게 된다.

레인룸은 연속적으로 내리는 빗속에서 관람객의 존재에 따라 반응한다. 비를 새롭게 탐색하며 움직이는 관람객은 그 자체로 퍼포머performer이다. 소란스런 세상을 닫고 잠잠한 가운데 비와 번갈아 반응하면 자연스레 뒤따르는 감각에 집중하게 된다. 비가 오지만 비에 젖지 않는 촉각적 부재를 경험하기 때문이다. 쏟아지는 비의 강렬한 소리도 공간 특유의 시각적 분위기도 여전하지만 비를 '맞는다' 또는 비에 '젖는다'는 그 촉감의 경험만 배제되는 상황이다.

나는 예술가가 고안한 역설의 한가운데서 비로부터 보호받는다는 느낌과 동시에 익숙한 감각을 박탈당했다고 느꼈다. 그동안 비를 맞을 때 나의 신체 감각이 어떠했는지 새삼 상기하게 된 것이다. 이 체험은 비의 촉감이 피부에 남지 않아서 그 감각에 다시 눈을 뜨게 되었고 비의 존재를 피부로 확인하고 싶다는 이상한 아쉬움을 남겼다. 비를 맞지 않고서도 움직일 수 있는 자유가 실현되었으나 막상 그런 자유를 오래 누리고 싶다는 생각은 들지 않았다.

그리고 보니 피부에 물이 닿는 감각은 공기를 마시는 것처럼 익숙하여 의식하지 않아도 되는 것이다. 대부분의 사람들은 세수를 하고 샤워하며 물을 마시는 반복적인 일상적 행위를 자각하며 살지 않는다. 언젠가 몽골 초원 지대에 있는 고아원에 자원봉사 하러 간 일을 떠올려 본다. 물이 귀한 지역에서 샤워를 하지 못한 채 일주일가량을 지내다가 울란바타르Ulaanbaatar 시내로 단체 샤워를 가게 되었다. 애타게 자기 순서를 기다리던 사람들이 마침내 샤워를 시작하면 괴성에 가까운 환호의 탄성을 질렀다. 다시 태어나는 기분이라고 해도 과장이 아니었다. 피부에 물이 닿아서 비로소 시원해지는 갈증을 경험해 보니 샤워 한 줄기, 물방울 하나가 얼마나 감사한지 깨닫게 되었다.

랜덤 인터내셔널은 기술을 통해 인간과 자연 그리고 그 둘의 관계가 어떠한 영향을 주고받는지 탐구한다. 전시의 부제 '아웃 오브 컨트롤Out of Control'에서 짐작되듯 작가는 관람객이 비를 통제한다고 착각하지만 실제로 빗방울이 사람을 통제하게 되는 지점을 지적하였다. 여기에는 점차 기계화되는 세계를 인간이 어떻게 헤쳐 나갈지에 대한 고민도 담겨 있다.

작가는 오랜 가뭄을 겪고 있던 LA 전시장을 회고한 바 있다. 부모들이 어린 아이들을 데리고 전시장으로 와서 비를 느끼게 해 주는 것을 목격하고는 전시장이 마치 동물원처럼 비를 구경하는 자연환경 체험장으로 보였다고 한다. 비가 오는 것이 특수한 상황이 되어버리는 환경이라면 비가 무엇이고 그 촉감은 어떠한지 설명해야 하는 일이 생길테다. 그렇다면 아직까지 비에 젖을 수 있어서 다행이라고 말할 수 있을까? 지구 어딘가에서는 비를 맞는 일이 소중하고 고마운 일이라는 것을 떠올리면 말이다. *

수달, 랜선 라이프 그리고
대리 만족

　나에게는 만수무강을 기원하게 만드는 귀여운 수달이 있다. 눈으로 키우는 수달 사쿠라Sakura이다. 호기심 많고 영리한 수달에 남다른 관심을 갖다가 사쿠라로 인해 수달의 세계에 본격적으로 입문하였다. 수달 뉴스 채널을 구독하여 세계의 수달 콘텐츠와 동향을 찾아보는 일은 내 일상의 작은 즐거움이다. 그런데 앞서 눈으로 키운다고 한 것은 수달이 랜선에만 존재하기 때문이다. 다시 말해서 지금까지 실제로 접촉한 일이 없다.

　수달을 보고 싶다면 아쿠아리움이나 동물원, 강원도 화천에 있는 한국수달연구센터 등에 방문하거나 수달 서식지로 추정되는 곳에서 운명적인 만남을 기대할 수밖에 없다. 수달은 한국에서 천연기념물 제330호로 지정되어 엄격한 보호와 관리의 대상이 되기에 개인이 소유하거나 기를 수는 없다.

우리는 다양한 유튜브 콘텐츠를 접하는 세상에서 살고 있다. 나도 취향이나 관심사에 따라 유튜브 채널을 구독하고 정기적으로 받아 보는 몇 가지 콘텐츠가 있다. 그중에는 앞서 언급한 일본에 사는 수달 사쿠라가 있다. 한국과 달리 일본에서는 개인이 수달을 개나 고양이처럼 기를 수 있다. 수달의 주인은 유튜브 채널을 통해 사쿠라의 이모저모를 소개한다.

사쿠라는 '작은발톱수달Asian small clawed otter'에 속하는 올해 3년 된 암컷으로 보통의 여느 반려견, 반려묘처럼 주인과 살아간다. 일본에서는 수달 양육이 이례적으로 큰 인기를 끌고 있는데, 야생에서 무리를 이루어 사는 수달을 반려동물로 키우는 것이 합당한지에 대한 논란과 수달 밀수 1위 국가가 된 이슈도 존재한다.

해당 채널의 구독자들은 수달의 클로즈업된 다양한 모습에 열광한다. 주인이 주는 큐브 형태의 작은 육포와 생선 조각을 두 손

사진 출처: 유튜브 ma ko

으로 꼭 쥐고 먹는 모습, 경계심 없이 배를 드러내고 조는 모습, 그녀의 친구인 분홍 돼지 인형을 꼭 끌어안고 자는 모습, 욕조에서 유유히 수영하는 모습, 주인의 팔을 붙들고 하품하거나 벚꽃이 날리는 야외로 산책을 가는 등 2분 남짓한 수달 영상은 수많은 사람들을 끌어당긴다. 초반에는 일본어 댓글이 대부분이었는데 이제는 온갖 나라말의 댓글이 달린다.

사람들은 왜 이토록 좋아하면서 그에 반응할까? 물론 사쿠라가 귀여운 이유도 있겠지만 나는 다른 측면을 생각해 본다. 이 유튜브 채널은 주인과 수달이 서로 접촉하는 장면이 유난히 자주 등장한다. 주인이 사쿠라의 복스러운 농갈색 뱃살이나 발가락을 천천히 쓰다듬거나 수달이 주인의 품에 파고드는 장면에서 나도 어쩐지 주인과 같은 느낌을 받는다. 분명 시청각으로 수달을 보고 있는데 동시에 수달에게서 어떤 감촉을 느끼며 온기와 안정감을 얻는 것이다. 수달을 기를 수 없는 나는 랜선 라이프로 그렇게 대리 만족한다.

모니터 밖으로 수달을 꺼내어 만져 보고 싶다는 생각은 나뿐만이 아니다. 수달 소유욕을 대리 만족시켜 주는 유튜브 채널의 중독성은 적어도 구독자들에게는 상당하다. 유튜브 영상에 달리는 댓글을 번역하면 "귀엽고 사랑스러운 사쿠라를 꺼내서 꼭 안아 주고 만지고 싶다", "당신이 수달의 뱃살을 만질 때 어떤 감촉인지 나도 느껴 보고 싶다. 분명 부드럽고 따뜻하며 사랑스러울 것이다!", "사쿠라로 나의 하루가 완성되는 기분", "사쿠라가 있으면 의사가 따로 필요 없다", "사쿠라를 보는 것은 스트레스를 낮추는 가장 좋은 방법" 등이다.

다른 사람이 촉각을 느끼는 것을 보면 물리적으로 똑같은 감각과 감정을 느끼는 사람들이 있다. 예를 들어 아기를 안고 있는 여성을 보면 그 아이에게서 느껴지는 촉각과 무게감을 자신도 느낀다거나, 누군가가 뺨을 만지는 장면을 목격하면 자신의 뺨에도 똑같은 감각을 느끼는 것이다. 이처럼 다른 사람의 신체적 경험과 감정을 마치 자신의 것처럼 몸으로 느끼는 특별한 신경학적 현상을 '거울–촉각 공감각mirror-touch synesthesia'이라고 한다. 이는 공감각의 한 형태인데, 공감각이란 뇌에서 두 가지 감각이 짝을 이루는 신경 현상이다. 더 나아가 거울–촉각 공감각은 궁극적으로 공감 능력과 연결되어 타인의 감정이나 고통을 보다 섬세하고 깊이 헤아리면서 자신과 타인의 입장을 돌아보게 한다.

미국 신경과 의사 조엘 살리나스는 그의 저서 『거울 촉각 공감각』에서 자신이 거울–촉각 공감각을 경험한 내용을 생생히 전달한다. 그는 공감 경험을 통해 질병으로 고통 받는 환자의 아픔을 훨씬 더 깊고 세밀하게 이해하고 치료할 수 있고, 환자와 의사의 삶이 어떻게 바뀔 수 있는지 보여 준다. 그는 또한 동작을 소리로, 음악을 색깔로, 맛을 도형으로 지각하며 다양하고 특이한 현상을 느끼는 비범한 능력을 지녔다. 이러한 특성은 누구에게나 나타날 수 있지만 역사적으로 예술가 가운데 공감각을 지닌 이들이 더 많다고 한다.

동물에 대한 거울–촉각 공감각도 있다. 사람의 언어는 실제 생각이나 감정과 일치하지 않을 때가 더러 있다. 어쩔 수 없이 마음과는 다른 말을 하거나 표정이나 몸짓과 같은 비언어가 진솔한 메시지를 전달하는 경우를 우리는 얼마나 많이 경험했나. 그러나 동물은 그들의 몸짓이나 소리가 정직하게 바로 그들이다. 그렇기에 인간과 달리 동물의 비언어는 보다 수월히 감정을 해석하게 한다. 그 때문에 사람들은 동물과 있을 때 훨씬 편안함을 느끼거나 현실에서 반려 동물을 키울 수 없다면 각종 반려 동물 채널에 열광하며 랜선 집사를 자처하는지도 모르겠다.

나는 랜선에 존재하는 사쿠라를 통해 작고 확실한 대리 만족의 기쁨을 얻는다. 그렇게 영상으로만 수달을 접하다가 국내의 어느 수목원 기념품점에서 수달 인형을 발견하고 덥석 구입하게 되었다. 야생 동물 인형 시리즈를 제작하는 Wild Republic 회사가 만든 나름 사실적인 수달 인형이다. 나는 수달 인형을 집에 모셔 놓고 어린 아이처럼 흡족해했다. 랜선에 존재하는 수달 사쿠라와 침대 머리맡에 놓인 수달 인형이 현실화될 수 없는 불가능한 욕망을 대신한다. 나의 직업이 동물 조련사나 관련 기관 연구원이 아닌 이상 수달을 곁에 두고 살아갈 확률이 거의 없기 때문이다. 이제 랜선에 있는 수달만큼이나 수달 인형도 장수하기를 기원한다. 할머니가 되어서도 곁에 두기를 바라고 있다. ＊

당신의 피부를 위한 음악
'Touché'

가끔 음악이 없는 세상을 상상하고는 고개를 좌우로 젓는다. 나는 아마도 정신이 온전치 않았을 것이다. 삶의 순간마다 즐거움과 위로가 되어 준 것은 정부의 정책도 고서에 등장하는 이론이나 사상도 아닌 음악이었다. 마음을 어루만져 주는 대중가요의 주옥같은 멜로디와 가사가, 머릿속에서 수채화처럼 번지는 러시아 작곡가들의 음악이, 황병기 선생의 가야금 산조가 나의 빛과 어둠 그리고 일상에 있어 주었다. 나무에 나이테가 있다면 내게는 음악테가 있다고 생각한다. 음악들 사이로 숨고 젖고 버텨온 시간이 몸 어딘가에 새겨져 있는 느낌을 받을 때가 많다. 그럴 때는 음악이 꼭 청각적으로만 존재하는 것은 아닌 듯하다.

내가 2000년대 초반부터 조용히 즐겨 찾는 박창수 대표의 더 하우스 콘서트The House Concert 공연장들은 관객이 신발을 벗고 바닥에 앉아서 음악을 감상하도록 되어 있다. 공연장에 방문하지 않아도 손쉽게 음악을 접하는 시대에 이 콘서트에 가는 이유는 연주자 라인업이나 프로그램이 좋기도 하지만 단순히 귀로 듣는 그 이상을 경험할 수 있어서이다. 관람객은 연주자와 가까운 거리에서 작은 호흡과 미세한 떨림을 느끼고 바닥을 통해서 소리와 진동, 울림을 함께 경험한다. 신체로 전달되는 음악과 기운은 음악에 더욱 몰입할 수 있게 해 준다. 그것은 단순히 듣는 행위와는 다른 차원으로 몸 전체를 통해 입체적으로 음악을 감각하는 즐거움이다.

그렇다면 기술을 통해서 다른 차원으로 음악을 감상할 수 있을까? 귀가 음악을 듣고 눈은 시각적인 쇼를 감상하는 동안 피부는 어떻게 반응할 수 있을까? 이 물음에 젊은 엔지니어이자 디자이너인 마리 트리코Marie Tricaud는 음악을 귀로만 듣는 것이 아니라 몸으로 느끼게 해 주는, 즉 피부로 음악을 감상하는 장치 '뚜셰Touché'(2017)로 답하였다.

Touché는 음악에 촉각적 차원을 제공하는 작곡 도구로 라이브 음악을 진동음과 온도 멜로디로 연주하는 웨어러블 모듈 세트이다. 피부로 음악을 변환시키는 몰입형 공감각 콘서트를 위한 악기와 착용 가능한 7개의 햅틱 패드로 구성되어 있다. 귀가 솔깃해지는 Touché의 정체는 햅틱 연주자의 해석을 통해 음악을 피부로 확장하는 독특한 경험을 제공한다. 단순히 오디오 주파수를 물리적 진동으로 변환하는 것이 아니라 음악 자체를 촉감으로 변환시켜 공연자와 청취자가 오랫동안 무시한 촉각을 예술적으로 탐색하게 하는 창의적인 도구이다.

Touché의 작동 원리는 이렇다. 컴포지션 인터페이스를 통해 라이브 음악을 재생하고 진동과 온도, 맥박의 루프와 그 패턴을 기록한다. 연주자는 라이브 공연용으로 설계된 음악 소프트웨어인 에이블톤Ableton에서 컴포지션을 제어하고 녹음과 편집을 할 수 있기에 촉각 트랙을 음악과 쉽게 동기화 할 수 있다. 작은 웨어러블 패드 제품군은 신체 어느 곳에나 부착하여 어떤 조합으로든 맵핑이 가능하다. 각 패드는 개별적으로 작동해서 몸에 붙이는 위치에 따라 같은 음악도 다르게 경험할 수 있다. 여기에는 온도뿐만 아니라 다양한 강도와 주파수를 조정할 수 있는 자체 진동 모터가 포함된다. 이는 멜로디, 비트와 같은 트랙에서 음악에 따라 다른 수준으로 피부에서 번역하게 한다. Touché는 모든 MIDI 키보드를 연결하여 패드를 제어하고 연주자는 촉각 인터페이스를 통해 청중의 몸에서 진동 루프와 온도를 제어한다. 콘솔 프로그래밍 방식에 따라 다른 유형의 감각과 자극을 제공하면서 신체에 맥동 네트워크를 만들고 척추까지 전달하는 방식이다.

마리는 영국 RCA에서 혁신 디자인 엔지니어Innovation Design Engineering 석사 과정을 졸업하고 디자인 연구소에서 일했다(최근에 회사를 그만두고 작업에 몰두하기 시작했다는 소식을 들려주었다). 접근하기 쉽고 재미있게 즐길 수 있는 것을 좋아하는 그녀는 기술을 사용하여 독창적인 도구를 제작하고 시각 이외의 감각으로 상호 작용하는 대체 방법을 모색한다. 특히 음악을 다른 감각

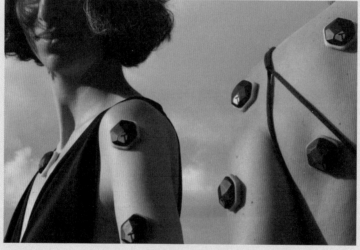

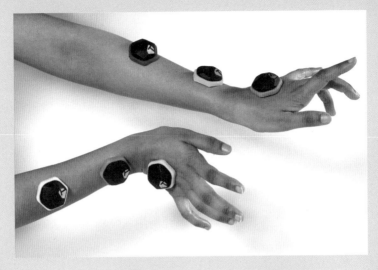

으로 확장하면서 접촉 감각의 다른 측면으로 작곡하는 방법, 소리의 신체적 경험을 개발하고 듣는 경험 자체를 바꾸는 일을 탐구한다. 그녀는 나와 주고받은 이메일에서 그간 Touché를 체험한 관객들에게 좋은 피드백을 받았다고 전했다. 그들은 음악을 다르게 듣는 경험을 했다거나 촉각적 작곡이 어떤 문구를 강조하는 것처럼 음악의 특정 부분에 집중하는 데 도움이 되었다는 소감을 말했다. 음악 전문가들은 Touché의 작곡적 측면을 잘 이해했기 때문에 새로운 도구가 음악을 탐색하고 역으로 음악에 영향을 미치는 창의적인 방식이 될 수 있다는 의견을 제시했다. 신체적으로 전달되는 느낌이 너무 강하거나 불편하다는 의사를 준 소수의 사람들도 있었지만 대부분은 좋아했고 실제 라이브 콘서트에서 경험하기를 원했다. 만약 서로 포옹한다면 서로의 신체에 진동이 전해지는 아이디어를 제시하기도 했다.

Touché는 피부에 착용하기 때문에 음악을 중심으로 라이브 경험을 할 수 있는 잠재력이 있다. 청중의 심박수 또는 체온과 같은 데이터는 연주자에게 피드백되거나 촉각과 청각의 대화적인 경험을 생성하는 데 사용될 수 있다. 이런 방식은 공연 도중 청중과 연주자가 분리되지 않고 유대감이나 공생 관계를 향상시킨다. 청각과 촉각을 동등하게 경험하도록 만드는 웨어러블은 음악적 성능과 퍼포먼스를 넓은 차원에서 발전시키고 건강 관리나 가상현실과 같은 산업에도 이점을 가져올 수 있다. 축제와 공연 같은 라이브 음악의 맥락에서 사용될 수도 있지만 피부를 위한 소비자 제품이 될 수도 있는 것이다. 피부는 진동과 온도뿐만 아니라 압력, 질감, 통증에도 민감하기 때문에 이를 바탕으로 다양한 햅틱 상호 작용으로 발전할 수 있는 가능성을 시사한다.

마리는 청취자와 음악 제작자들과 함께 Touché를 테스트한 후 이를 지속적으로 개발하기 위한 지원을 찾고 있다. 현재의 프로토 타입은 패드를 연결하기 위해 전선에 의존하지만 훗날 무선 버전이나 웨어러블과는 다른 방식으로 생산되는 방향을 구상 중이다. 언젠가 내가 기획한 축제에 마리를 초청하여 다 함께 조용히 Touché를 경험하게 되기를 바라고 있다. *

촉각의 시대가
온다

　언젠가 이런 시대가 오리라 예상했다. 10년 전만 해도 촉각 기술의 가능성에 대해 주변에 슬며시 이야기를 꺼내면 아무런 반응도 관심도 보이지 않았다. 물론 지인들이 대부분 인문 사회 계열 혹은 예술계에 종사해서인지는 몰라도 지금보다는 촉각 기술에 관심이 없던 시절이었다. 하지만 이 세상 어딘가에는 나와 비슷한 생각을 하는 과학자나 공학자가 있을 것이라 믿으며 과학기술 동향을 살펴 왔다. 앞서 소개한 어릴 적 할머니의 손과 관련된 기억 이외에도 촉각을 주목한 계기가 있기 때문이다.

　창문 너머로 에펠탑이 보이는 파리에 살던 시절이었다. 나는 부유층이 사는 건물 맨 꼭대기에 하녀방이라 불리는 작은 공간에서 지냈다. 수도가 터져서 고치면 전기가 나가고 전기를 고치면 냉장고가 고장 나는 등 수리에 허덕이던 날들의 유일한 위로

라면, 낮과 밤 그리고 노을이 지는 에펠탑의 풍경을 마음껏 감상하는 일이었다. 그날은 가을 초입의 밤이었다. 창문을 활짝 열고서 여느 때처럼 반짝이는 에펠탑을 바라보고 있었다. 그때를 잊지 못하는 이유는 눈앞에 보이는 에펠탑과 낭만적인 파리의 분위기에 취해서가 아니다. 창문으로 불어오는 초가을 바람의 질감과 세기, 온도가 무척이나 독특했기 때문이었다.

나는 그때 간절하게 바람을 저장하고 싶었다. 언제든 다시 그 바람을 불러올 수 있도록 어떻게든 간직하고 싶었으나 글로 적기에는 한계가 있어서 좌절했다. 그렇다고 그림으로 표현하는 것도 적절하지 않았다. 시각은 사진을 찍거나 영상으로 기록하고 청각은 녹음하여 추후 언제든지 재생할 수 있지만 촉각은 과연 기록하고 저장하여 훗날 재생할 수 있는 감각인지 생각하게 되었다.

바람을 기록하려한 시도는 결국 실패하였고 그 순간 처음으로 촉감을 손쉽게 기록하고 재생하는 촉각 재현 장치가 있으면 좋겠다고 생각했다. 그 이전에도 이후로도 몸과 마음을 전율하게 만든 바람을 다시는 느낄 수 없었다. 그때의 바람은 내게 '그러했다'는 희미한 감각으로만 남아 있다. 그 일을 계기로 인체의 오감 중 가장 예민하고 복합적인 체계를 지닌 촉각과 재현 기술에 관심을 갖게 되었다.

사람들이 시각이나 청각보다 촉각에 많은 관심을 갖지 않은 이유는 촉각 그 자체로 설명되고 밝혀져야 할 미지의 영역이 많기도 하지만 촉각이 매개된 기술을 삶 속에서 직관적으로 쉽게 접할 기회가 드물었기 때문이라고 생각한다. 무궁무진한 잠재력을 지닌 촉각이 과학 기술과 만나서 삶에 직접적인 영향을 미치게 된다면 미래 사회 패러다임에 지각 변동이 일어날지도 모른다. 더불어 '지금 여기'를 정직하게 말하는 감각, 그러니까 조작이 불가능한 촉각의 특성이 시공간의 제약을 뛰어넘으면 감각에 대한 인식이 지금과는 전혀 다른 맥락에 놓이게 될 수도 있다.

이준정 미래기술경영전략연구원 대표는 5G 통신이 실현되는 2020년대는 촉각 인터넷 또는 햅틱haptics 인터넷 시대가 된다고 전망한 바 있다(2018년 1월 18일 데일리한국 전문가 칼럼 참조). 인체가 청각에 반응하는 시간은 약 100ms(밀리초, 1초의 1,000분의 1), 시각 반응은 10ms, 촉각의 반응시간은 1ms이다. 눈보다 빠른 촉각이다. 이는 인터넷이나 통신 기기가 촉각의 반응 속도만큼 빨라지면 주변의 사물들이 나와 접촉된 것처럼 느낄 수 있음을 말해 준다.

국제통신연합(ITU)은 정보 전달 지연 시간이 1ms 정도의 성능을 갖는 통신 환경을 '촉각 인터넷Tactile Internet'이라 정의한다. 기기의 반응이 1ms 이내가 된다면 인체는 주변의 변화를 구별하지 못하고 직관적으로 자연스럽게 느끼게 된다. 사물 인터넷, 빅 데이터, 인공 지능이 결합된 '사물 지능 인터넷 시대'는 인터넷으로 상품과 기술이 서로 연결되거나 칩 속에 탑재된 인공 지능 기능을 활용해 사용자가 원하는 서비스를 자동으로 제공한다. 기술적으로 시각, 청각, 촉각 사이에 지연 시차가 발생하지 않으면 어색함 없이 인간에게 현실감과 몰입감을 줄 수 있다. 시청각에 촉각적 경험이 더해지면 생생한 현실감을 느낄 수 있게 되어 사람과 기계 간의 촉각적 상호 작용은 점점 중요해진다.

이를 위해서는 앞서 언급한 '촉각 인터넷' 환경이 선결되어야 한다. 촉각 인터넷 시대에는 자율 자동차, 가상 현실과 증강 현실, 게임, 문화 예술 콘텐츠, 건강, 교육 분야 등 지금은 짐작조차 못할 정도로 광범위하고 다양한 산업과 가치를 창출하면서 인간이 해결하지 못한 복잡하고 위험한 문제들을 해결해 줄 수 있다. 시각이나 청각에 비해 전달되는 과정이 복잡하고 양도 방대한 촉각은 아직 모든 것을 완벽히 구현하기는 어렵다. 실시간으로 즉각적인 햅틱 피드백을 주는 환경을 구현하기 위해 국내외 햅틱 연구자들이 다각도로 연구 개발 중이다.

카이스트 기계공학과 경기욱 교수는 대면 인터뷰를 통해 촉각과 관련된 과학 기술 연구 전반을 친절히 알려 주셨다. 촉각 연구 분야는 크게 네 분야인데 첫 번째는 사람이 어떻게 촉각을 느끼는지 밝히는 인지 과학, 신경 과학, 정신 물리학 등이다. 두 번째는 사람에게 촉각을 전달하기 위한 장치를 연구하는 기계 공학, 전자 공학, 로보틱스, 세 번째는 개발된 장치를 이용해서 어떻게 효과적으로 사실적인 촉감을 구현하는지 연구하는 컴퓨터 사이언스, 심리학 등이다. 마지막으로는 지금까지 언급된 연구를 종합적으로 연구하는 응용 분야가 바로 햅틱이다. 여기에는 수술하는 의료용 원격 로봇이나 게임에서 몰입도와 현실감을 높이는 등 가상 현실에서 실재감tele-presence를 갖게 하는 일이 해당한다.

햅틱은 인간이 만지는 일에 '확신'을 주는 일을 구현한다. 예를 들어 마우스를 클릭했을 때 딸깍 하고 눌리는 느낌이 없다면 실제 눌렀다고 생각하기는 힘들다. 우리는 타이핑할 때 손으로 타자를 쳤음을 인식하기 때문에 빠르고 정확하게 칠 수 있다. 만약 어떤 접촉도 없이 스크린을 보면서 타이핑을 하면 빨리 칠 수도 없고 오타도 많아진다. 이처럼 터치스크린이나 원격 수술 분야에서 촉감을 갖도록 하는 일은 실수의 가능성을 낮추어 주는 효과가 있다.

이러한 햅틱 기술의 구현에는 크게 두 가지 접근법이 있다. 우선 근육과 관절 즉 근감각을 이용한 기술을 통해서 느끼는 촉감의 재현이다. 다시 말해서 어떤 매개체를 통해서 질량이나 굳기(단단한 정도) 등 근감각으로 촉각을 재현하는 것이다. 펜을 쥐고 무언가 긁는 느낌이나 빗과 같은 도구를 이용해서 털을 빗는 느낌은 피부 그 자체가 아닌 근육을 통해서 느끼는 감각이다. 이는 로봇을 활용하면 비교적 구현하기 쉽다. 인공적인 촉감을 만들어 내는 촉감 재현 기술은 근육과 관절에 위치 정보와 힘을 전달하는 역감 재현force feedback에 해당한다.

다른 하나는 피부의 구체적인 감각을 실제로 구현하는 기술이다. 표면의 미세한 무늬를 감지하거나 거칠거나 부드러운 정도 또는 따뜻하고 차가운 정도와 같이 피부를 통해서 느끼는 촉각은 재현하기 어려운 기술에 속한다. 온도, 무늬, 거칠기를 나누어서 단순화시킨 정도의 구별은 가능하지만 피부의 감각은 복합적이기 때문에 손으로 옷감이나 나무를 만지고 동물을 쓰다듬는

한국전자통신연구원ETRI 스마트 UIUX 디바이스 연구실에 재직 중인 황인욱 박사의 AirPiano이다. 이는 '비접촉식 촉감 재현 기술'이 적용되어 건반을 손으로 만지지 않고 건반의 촉감을 느끼면서 다중 감각 피아노 연주가 가능하다. 구동기에서 만들어진 자극을 사용자의 신체에 직접적인 접촉이나 기계적인 연결 없이 공기 중으로 에너지를 전달하고 피부에 촉감을 생성하는 방식이다. 사용자의 자유로운 움직임을 방해하지 않으면서 간편하고 자연스럽게 촉감을 전달하고 중간에 사용자가 바뀌거나 여러 사람이 사용하는 경우에도 바로 사용이 가능하다.

촉감 재현 기술은 현실의 시간적, 공간적 제약을 뛰어넘어 실제로 경험하기 어려운 환경의 체험을 실현하게 해 준다. 디스플레이의 착용 없이도 홀로그램을 입체적으로 볼 수 있다면, 비접촉식 촉감 재현 기술을 이용하여 홀로그램에 손을 대었을 때 허공이 아니라 실제 이미지가 존재하는 것처럼 느끼는 것이 가능하다.

사진 출처: ETRI WEBZINE

느낌처럼 피부로 느끼는 일은 아직 구현이 어렵다. 의료용 시뮬레이터의 경우, 의사가 도구를 들고 수행하는 과정은 비슷하게 구현이 가능하지만 손에 장갑을 낀 상황은 달라지는 것과 같다. 온라인 쇼핑몰에서 대상을 만지는 느낌을 기술적으로 재현하는 일이 현재로서는 가장 어렵다고 한다.

촉감을 저장하고 재생하는 기술은 촉각 센서를 통해 데이터를 센싱하고 저장한 후 재현이 가능하다. 늘어나고 줄어드는 정도의 변위, 딱딱한 정도의 굳기, 따뜻하고 차가운 온감 등을 측정하는 것이다. 내가 파리에서 저장하고 재생하고 싶었던 바람의 경우, 바람은 압력과 열전달 상태heat flow(온도 차이에 의한 열의 흐름)를 동시에 느끼는 것이므로 해당 수치를 측정해서 저장한 후 햅틱 장갑 같은 장치를 통해서 재현이 가능하다고 한다. 꿈속에서만 가능한 일은 아니었다.

MIT Media Lab에서 인간-컴퓨터 상호 작용Human-Computer Interaction(HCI) 분야를 연구하는 공학자이자 예술가인 최경윤 박사 과정 학생은 그녀가 몸담은 Tangible Media Group(이하 TMG)에서 진행한 연구 프로젝트 몇 가지를 소개해 주었다. TMG는 과학, 공학, 디자인, 예술이 융합된 미디어 랩으로 디지털 세계와 현실 세계의 다리를 잇는 물리적 인터페이스와 디바이스를 만들고 궁극적으로 실감형 사용자 인터페이스Tangible User Interface를 3D 현실 세계에서 구현하는 일을 추구한다.

TMG에서 개발되는 프로토 타입은 상대적으로 작으면서 접근하기 용이하고 시각적으로도 보기에 좋다. TMG가 Haptic, Tactile, Tangible과 같은 키워드를 가진 다른 연구소와 다른 점은 그들이 개발한 기술을 다양한 사람들과 편하고 쉽게 대화하게 하는 데에 예술과 디자인이 다리 역할을 한다는 것이다. 이들은 창의적인 아이디어에 보다 큰 가치를 두고 기술은 그것을 가능케 하는 도구로 바라본다. 테크놀로지를 기반으로 전달되는 아이디어와 비전은 대중에게 그들의 꿈과 영감을 효과적으로 공유하는 스토리텔링이자 예술과 디자인이다.

촉각은 오감 중 가장 먼저 발달하는 감각이면서 다른 감각들을 담아 주는 그릇이다. 또한 피부와 장기 내부까지 인체의 전 범위에 걸쳐 있다. 뇌에서도 이러한 촉각을 관장하는 부위가 넓기에 다른 감각에 비해서 진화가 가능하다는 특징이 있다. 촉감은 여기에 더해서 뇌에서 스스로 뇌지도를 성형하는 가변성plasticity을 지닌다. 일종의 뇌 성형을 통해 뇌를 재설정하는 방식으로 특정 감각을 연습하면 없던 감각이 새로 생길 수 있다.

예를 들어 환지통phantom limb pain은 신체 일부를 잃어버렸더라도 뇌에는 여전히 그 감각이 남아서 잃어버린 부위가 있는 것처럼 느끼는 통증이다. 뇌에 아직 감각이 남아 있을 때 잃어버린 팔 부위에 재빨리 로봇 팔을 붙여서 연습하면 그것을 실제 팔처럼 인식하고 쓸 수 있다는 것이다. 이처럼 촉각 기술은 신체 감각의 손실이 있는 사람이나 장애인을 위해서 손실된 신체 느낌을 전달하고 감각을 재현하는 일에 활용될 수 있다. 또한 정보 표현에 한계가 있는 점자책을 이용해 온 시각 장애인에게도 햅틱 기술을 통해 양질의 콘텐츠와 정확한 정보 전달을 할 수 있다.

촉각 재현 기술은 원격 수술에도 활용된다. 수술 로봇은 의사가 로봇 팔을 원격으로 조종해 수술하는 로봇이다. ETRI 황인욱

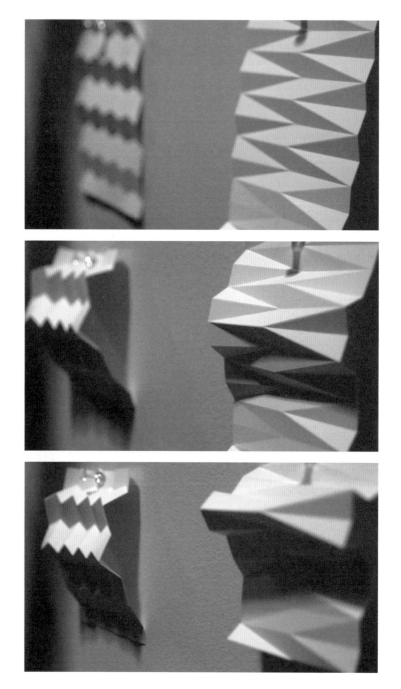

작은 손바닥 노트로 보이는 reMi는 최경윤 학생이 수업에서 만난 팀원들과 함께 만든 디바이스로 어떻게 하면 일상에서 사용하는 소품에 기계적인 느낌을 주지 않으면서도 디지털 요소를 반영할 수 있을까 하는 생각에서 출발했다. reMi는 생각과 감정을 종이에 기록하듯 간직하고 싶은 주변의 소리를 종이에 기록하고 다시 재생시키는 디바이스이다.

각 페이지마다 접을 수 있는 선이 미리 새겨져 있고 사용자의 변화하는 감정선을 표현할 수 있게끔 패턴들이 다르게 새겨져 있다. 주머니에 이 노트를 넣고 다니다가 간직하고 싶은 소리를 만났을 때 감정에 맞는 종이 패턴을 찾아서 끝 부분을 접으면 소리가 종이에 녹음되기 시작한다. 마치 책을 읽다가 마음에 드는 구절을 발견하거나 다음에 다시 찾고픈 부분이 생기면 종이 모서리의 꼭지를 접어서 표시하는 것과 같다.

기록한 소리를 나중에 다시 듣고 싶다면 노트에 기록했던 종이를 뜯어서 배터리가 연결된 클립에 연결한다. 그러면 기록된 소리가 종이에서 다시 재생되고 그 소리 패턴에 맞추어 종이가 움직인다. 종이의 움직임을 통해 기억을 촉감화시킨 reMi는 소리로 소중한 순간의 기억을 듣기만 하는 것이 아니라 손 위에 그 종이를 올려놓고 소리의 움직임을 느낄 수 있다. ⓒ 최경윤

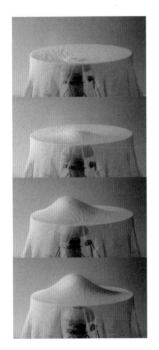

reSpire은 Shape-changing Interface 연구 프로젝트 중 고안되어 전시되었다. 어떻게 하면 마치 바람에 물결이 이는 것처럼 유연한 움직임으로, 유기적인 느낌의 형태로 바뀌는 디스플레이를 구현할지 고민한 결과물이다. 인공 바람을 이용하여 공중에 부드러운 천을 띄우고 공기 방향과 압력 제어를 통해 천이 변형되는 형태를 자유자재로 바꿀 수 있다.

최경윤은 천의 변화를 몸과 연결시켜 관객에게 뜻 깊은 경험을 주고 싶었다고 한다. 숨을 쉴 때마다 폐의 부피가 변하고 이를 통해 피부가 늘어났다 줄어드는 것처럼 천의 움직임에 관객들의 호흡 형태를 투영시킨 것이다.

공중에 뜬 천의 형태가 변화되는 것은 관객의 호흡 패턴과 연결되고 관객이 직접 손으로 만져 볼 수 있게 함으로써 자신의 내면을 실체화하고 촉감을 통해 대화하는 기회를 만든다.
ⓒ 최경윤

박사에 따르면 그동안 수술 로봇은 로봇 손이 환자의 장기에 닿거나 혈관을 절개할 때 의사에게 촉각적인 피드백을 받지 못했다고 한다. 그래서 의사가 혈관을 잘랐는지 안 잘랐는지는 눈으로만 확인할 수 있었고 수술에 대한 확신은 떨어졌다. 하지만 향후 촉각 피드백을 제공하게 되면 수술 로봇을 조종하는 의사가 확신과 직관을 가지고 수술에 임할 수 있게 된다. 아울러 희소병 수술처럼 수련하는 의사들이 거의 경험해 볼 수 없던 수술에도 촉감 재현 기술이 적용될 수 있다. 직접 수술할 수 없어 참관하거나 보면서 연습해 왔다면 촉감 재현 시뮬레이터를 통해서 수술 연습이 가능해진다.

로봇 분야에서는 로봇이 인간과의 상호 작용 시 얼마나 정확하게 실시간 피드백을 주면서 인간의 감성을 센싱할 수 있는지를 개발 중이다. 또한 요즘 로봇은 딱딱한 골격의 외양이 아니라 자연적 근육과 비슷한 인공 근육으로 만들어져 거의 모든 형태가 될 수 있다. 소프트 로보틱스soft robotics 기술을 이용한 변형이 쉬운 소재로 만들어진 로봇은 유연하게 휘어지면서 가볍고 자연스럽다는 특징이 있다. 특수 패브릭과 실리콘으로 제작되어 사람의 손 감촉과 움직임을 그대로 재현하는 로봇부터 특정 외부 환경에서 유연한 움직임으로 대응 능력을 갖추거나 복잡한 생물 형상 구현이 가능한 로봇까지 다양하다. 방사능 오염 지역처럼 인간이 접근하기 힘든 위험한 곳을 정찰하는 일에도 활용될 수 있다.

한창 4차 산업 혁명 이야기로 세상이 들썩일 때 사람들은 자본이 과연 어디로 이동할 것인지 골몰하는 것처럼 보였다. 그 혁명에서 정작 인간의 문제는 부재하거나 배제되어 있다고 느끼곤 했다. 내가 촉각 기술에 촉각을 곤두세우는 가장 큰 이유는 그 근간에는 무엇보다 인간이 있고, 인간의 감정과 정서를 세심하게 향하는 따뜻한 기술이기 때문이다. 기술과 산업 그 자체에 대한 주목뿐만이 아니라 그 기술이 인간의 어떤 잠재된 측면을 발견하고 궁극적으로 인간이란 어떤 존재인지 묻는 차원으로 기술이 회자되는 모습을 보고 싶다. 촉각과 관련된 과학 기술은 무언가 상실하고 결핍된 사람들을 위해서도 구체적인 희망을 안겨 주리라 기대한다. 나는 촉각의 비전을 믿는다. *

마케팅에
촉각을 얹으면

촉각의 시대는 비단 과학 기술에만 도래한 것이 아니다. 기업이나 경영 경제 분야의 전문가들은 일찌감치 촉각을 활용한 마케팅에 주목했고, 우리는 일상에서 눈치채거나 의식하지 못했어도 수없이 경험해 왔다. 많은 사람들이 사용하는 휴대폰의 터치 스크린이나 터치 패드처럼 만져서 작동하는 기기는 소비자가 직접 만져 보고 구입할 때 만족도가 높다. 예를 들어 자동차 핸들의 터치감, 손맛 혹은 그립감(grip: 잡기)이 좋다고 느끼면 사양이나 실제 기술력과는 상관없이 성능이 좋다고 인식하는 경향이 있다.

좋은 제품일수록 개발 단계에서 시각적인 디자인 측면뿐만 아니라 인간의 신체적 특징과 인간공학적 관점을 반영하고 제품의 소재, 표면, 온도, 무게, 형태 등 질적인 측면을 어떻게 높일지 고민한다. 광고에서도 과거의 자동차 광고는 전국을 누비는 빠른 자동차와 외관이 강조되었다면 최근에는 여유 넘치는 모습으로 운전대를 잡은 운전자와 손에 초점을 맞춘다. 다른 사람의 신체적 체험을 관찰하는 것만으로 뇌에서 촉각 자극을 처리하는 영역이 활성화되기 때문이다.

촉각은 오감 중 정서나 느낌 같은 감성적인 측면이 가장 부각되는 감각이므로 소비 시장에서는 체험적 마케팅과 연결된다. 샘플을 제공하거나 직접 시현해 보도록 하는 마케팅은 제품을 충분히 느껴서 더 오래 기억하게 하고 구매욕을 높이기 위함이다. 비슷한 상품들이 출시되면 많은 선택지 중 어느 제품이 좋은 것인지 차별화된 특징을 바로 알기 어렵다. 이럴 때 체험 마케팅은 소비자에게 쌍방향 커뮤니케이션 형태로 구매 선택의 폭을 좁히는 역할을 한다. 스마트폰 판매장을 떠올려 보면 마치 전시회장처럼 제품을 진열하여 만져 보고 체험할 기회를 제공하고 있음을 알 수 있다. 직접 제품을 접촉하는 행위는 신뢰감과 애착을 갖게 하고 가치가 높다고 평가하게 유도하면서 합리적 구매라고 생각하게끔 만들기 때문에 효율적인 마케팅 전략이 된다.

햅틱 디자인의 창시자로 연구자이자 『손길이 닿는 순간 당신에게 일어나는 일Homo Hapticus』의 저자인 마르틴 그룬발트Martin Grunwald는 그의 저서에서 촉각과 관련된 다양한 마케팅 연구와 사례들을 소개한다. 지금은 호모 사피엔스 햅틱쿠스homo sapiens hapticus의 시대라고 주장하는 그는 촉각 체험이 시각적 인상보다 사용자의 판단에 더 많은 영향을 끼친다고 말한다. 예를 들어 고객들이 자동차 판매 사원과 상담할 때 상황에 맞는 짧은 신체 접촉을 하는 사원을 실력이 있고 친절하다고 생각했다. 슈퍼마켓에서도 제품 구매를 권유하는 직원들이 가볍고 적절한 신체 접촉을 할 때 구매 의향이 높았다. 식당에서 서빙 직원의 절반에게 고객의 어깨나 손을 살짝 터치하면서 영수증을 건네고 나머지 절반에게는 그냥 영수증만 건네라고 했을 때의 팁 금액을 확인한 결과, 고객들은 신체 접촉을 한 직원에게 훨씬 더 팁을 많이 주었다. 이렇듯 낯선 사람에게 받는 짧은 신체 접촉이 동기가 되어서 고객의 태도가 변화하기도 한다.

손에 따뜻한 물체를 쥐고 있으면 상대방에게 유리한 판단을 내리기도 한다. 한 집단에는 손에 따뜻한 커피를 들고 있게 하고 다른 집단에는 차가운 커피를 쥐게 하였다. 그들에게 낯선 타인을 가리키며 어떤 사람일 것 같은지 질문하면 손에 따뜻한 커피를 든 집단에서는 따뜻한 사람일 것 같다는 응답자가 더 많았다. 반대로 차가운 커피를 든 집단에서는 낯선 타인이 냉철하고 엄격하며 차가울 것 같다고 응답한 비중이 높았다. 이것은 따뜻한 물체와 신체 접촉을 할 때 타인의 성격을 따뜻하다고 평가하고 차가운 물체를 들고 판단할 때는 차갑다고 여긴다는 것을 보여준다.

온도뿐만 아니라 무게도 마찬가지이다. 입사 지원서와 경력에 관련된 서류 뭉치로 지원자를 판단하는 실험에서 무거운 입사 지원 서류를 제출했던 사람을 그 반대 경우의 지원자보다 더 긍정적인 평가를 내렸다. 이것은 무게가 개인의 감정과 심리에 영향을 주는 것뿐만 아니라 나아가 사회적 판단 과정까지 영향을 미쳤음을 보여 준다. 최고급 레스토랑의 메뉴 책자가 대부분 가죽으로 된 묵직하고 무거운 느낌이고 고객은 응당 그에 맞는 높은 가격을 기꺼이 지불하려는 의사에 대해서도 수긍하게 될 것이다. 이렇게 몸으로 느끼는 온도나 무게를 사용하여 타인이나 대상을 인지하는 것은 '체화된 인지'의 예이다. 즉 뇌뿐만 아니라 몸을 사용하여 느끼고 경험한 느낌으로 대상을 인지하고 알게 된다는 것이다.

거칠고 부드러운 정도에 있어서도 딱딱한 바닥 위에 서서 예술 작품을 보면 작품을 차갑게 인식하고 부드러운 카펫 위에서 보면 온화한 인상을 받는다. 몸에 전달되는 전반적인 느낌이 특정 생각이나 행동을 유도한 것이다. 모델 하우스 현장에서 바닥에 보드라운 카펫을 깔고 실제 사람이 사는 것처럼 꾸며 놓는 데에는 다 이유가 있었다. 이로써 어떤 촉감인지에 따라서 대상을 판단하는 데 전반적인 영향을 미치고 있음을 알 수 있다.

소비자 행동 연구에는 '보유 효과'라는 것이 있다. 자신이 보유한 물건에 더 큰 애착을 갖는 심리로 직접 매장에 가서 물건 만져 보고 착용하면 일단 '나의 것'처럼 느낄 가능성이 많은 것이다. 더불어 빨리 구입해야 할 것 같은 심리도 강해진다. 렌탈 서비스를 제공하여 상품을 몇 번 써 보게 한 후 실제 구입으로 이어지는 일, 백화점 시식 코너에서 음식을 먹어 본 후 사고 싶어지는 것, 판매원이 옷을 자꾸 입어 보라고 권하는 것은 일단 만지고 써 보면 소유욕이 커진다는 점과 연관된다. 실제 소유한 것이 아니더라도 접촉만으로 제품을 보유했다는 무의식이 물건의 가치를 더 높게 여기도록 만든다. 시각적으로 상품을 보기만 한 집단과 직접 만져 보게 한 집단 사이의 연구에서는 후자가 상품에 대한 가격과 가치를 더 높이 책정하였다.

온라인 쇼핑몰에서 아직은 촉각적 체험을 할 수 없다. 현재는 사진 이미지나 동영상을 보고 제품을 구입하지만 향후 디지털 쇼핑에서는 어떤 장비 없이 제품의 텍스처를 인식하고 오감을 자극하는 환경 구현이 핵심이 된다. 촉각 재현 기술이 정교하게 발전한다면 고글이나 인공 장갑을 끼는 것에서 더 나아가 허공의 3D Touch 환경에서 맨손으로 입체감 있는 상품을 만지며 질감이나 형태 등을 느끼고 옷을 입어 볼 수도 있는 디지털 쇼핑의 길이 열린다. 예를 들어 구입하려는 운동화 모델의 색상과 패턴을 바꾸어 보거나 운동화 표면의 질감을 느껴 보게 하는 것이다.

2019년 9월 알리바바 그룹의 압사라컨퍼런스는 그룹 계열사의 AI 및 AR 최신 기술을 대거 공개했다(ZDNet Korea 2019년 9월 26일자 기사 참조). 그중 '레피니티Refinity'라 불리는 차세대 기술은 인터랙티브 홀로그래픽 사이니지를 통해 쇼핑 시 정보 안내를 체험형으로 바꿔 준다. 화면에 손을 가까이 하면 화면 속 물건이 반응하고 얼굴을 가까이 하면 물건이 분해되면서 속을 보여 준다. 물이 흐르는 수도꼭지를 화면으로 보면서 손으로 수압의 변화를 느낄 수도 있다.

사물인터넷IoT의 경우 소비자가 매대의 상품을 손으로 들어 올리면 자동으로 큰 화면에 상품에 대한 정보가 뜨는데 사물과 사물이 스스로 통신하면서 사람의 의도에 부합하는 것을 뜻한다. 이 기술은 실제 중국 스포츠 브랜드 유통 매장에 적용됐다고 한다. 마치 과일을 고를 때처럼 직접 만져 보면서 괜찮은지 판단하고 확신하는 일이 온라인에서도 가능해진다면 온·오프라인 거래 시장에는 거대한 지각 변동이 일어날 것이다. 그런 세상에서 살아간다면 일상은 어떻게 바뀌게 될까? *

황금알을 낳는
훈훈한 사우나

골치가 아프거나 생각이 어지러울 때 온천이나 사우나를 찾는다. 눈 뜬 상태로 아무 생각을 하지 않아도 되는 거의 유일한 시간이다. 그 공간에 오래 머물 수 있는 체질은 아니지만 뜨거운 물에 몸을 담그거나 사우나에 있으면 긴장했던 몸과 마음이 이완되는 느낌이 좋다. 그곳이 편해서인지 갑작스레 종종 아이디어가 떠오르기도 한다. "유레카"를 외친 아르키메데스도 목욕탕에 있었다. 녹는 초처럼 몸이 따뜻해지면 세상에 대한 외로움도 잠시 덜게 된다. 그렇게 덥혀지고 충전된 몸은 홀가분한 기분으로 바깥 세상에 나가 다시 집중하기 좋은 상태가 된다.

그래서 나는 1인용 접이식 사우나 또는 소수를 위한 휴대용 사우나가 있으면 좋겠다. 접었다 펼치는 조립식이어서 캠핑카처럼 어디든 이동시킬 수 있는 사우나 말이다. 그런 특별한 사우나가 있다면 산속 어딘가에 펼쳐 놓고 생각을 정리하는 프라이빗 동굴처럼 쓰거나 도심 한가운데 팝업 스토어처럼 설치하여 소수의 사람들과 도란도란 이야기를 나누는 장소가 되면 어떨까 그려보곤 했다. 그런데 이 세상 어딘가에는 나와 비슷한 생각을 하는 사람이 꼭 있는 모양이다. 내가 구현해 보고 싶은 사회적 디자인의 정점을 보여 준 '솔라 에그Solar Egg'(2017)가 그것이다.

아티스트 듀오 비게르트와 베르그스트롬Bigert & Bergström은 공동 주택 협회인 건축 회사 릭스뷔겐Riksbyggen의 커미션을 받아 스웨덴 최북단 도시 키루나Kiruna에 황금 달걀 모양의 사우나 조각 공간을 선보였다. 마치 거대한 거위가 눈 위에 낳은 빛나는 황금알처럼 보인다. 아무리 추운 겨울이어도 그곳 안에서라면 끄떡없을 것만 같다. 유려하고 멋진 디자인의 사우나는 해체하여 이동 후 재조립이 가능하다. 스웨덴 본토를 떠나 파리 스웨덴 문화원에서 선보인 이후로는 덴마크, 미국 미니애폴리스의 스웨덴 문화원 등을 투어하며 세계적인 주목을 받았다.

이 실용적인 조각 작품이 키루나에 처음 놓이게 된 연유가 있다. 키루나는 도시 전체적으로 급진적인 변화를 겪고 있다. 광산 회사 LKAB가 철심을 더 많이 추출할 수 있도록 하기 위해 마을이 재배치되면서 지역 주민들이 찬반 논란으로 시끌벅적한 상황이다. 광산이 없으면 마을도 없다. 철광석은 19세기 말에 처음 추출되기 시작한 이래 스웨덴의 중요한 수입원이며 키루나 마을에 절대적으로 중요한 산업이기 때문이다. 그러나 그로 인한 환경과 건축의 파괴는 많은 논쟁을 불러일으키고 있다.

계단이 있는 해치를 통해 들어 가면 목재로 마감 처리된 8명 정원의 오붓한 실내가 보인다. 벽 패널과 바닥 데크는 소나무, 벤치는 아스펜 나무로 만들어졌다. 중앙에는 철제와 석재로 만들어진 하트 모양의 사우나 스토브가 있고 나무 장작으로 불을 피운다. 내부의 온도는 섭씨 75도에서 85도 사이라고 한다.

외관은 금색의 스테인리스 거울 판금 69개를 입혀서 주변의 다양한 형태를 거울 이미지로 반영한다. 풍경, 광산, 도시, 하늘, 태양, 눈 등이 조각난 이미지처럼 결합되어 보이는 것은 최근 기후 변화와 지속 가능한 지역 사회 개발에 대한 토론과 복잡한 맥락과 관련 있다. © Jean-Baptiste Béranger

솔라 에그는 라플란드 지역의 북극 기후에서 따뜻함과 성찰의 공간으로서 중요한 의미를 갖는다. 비게르트와 베르그스트룀은 기후, 자연, 에너지, 기술과 인류의 관계에 대한 탐구를 해 왔다. 이들은 스웨덴의 전통을 반영하면서 재탄생의 아이디어를 불러일으키는 상징적인 공간을 디자인했다. 솔라 에그가 유명해진 것은 디자인 너머 작품이 담고 있는 이야기 때문이기도 하다.

이 사우나는 스웨덴의 디자인, 건축, 예술, 기술이 조합된 미적인 측면뿐만 아니라 '경험'을 제공하는 데 핵심이 있다. 작가는 오늘날 사회에서 부족하다고 보이는 커뮤니케이션을 위한 공간을 만들었다. 깨끗한 사우나 공간은 사람들이 모여서 대화를 하기에 넉넉한 장소이다. 이들은 사우나가 마을의 거점 공간처럼 쓰여서 지역 주민들의 문제와 관심사를 토론할 수 있는 역할을 할 수 있길 기대하였다.

작가의 의도처럼 사우나가 조각적인 상징이자 만남의 장소로서 존재할 이유는 충분해 보인다. 그저 볼 수만 있는 시각 예술 작품이었다면 이렇게 뜨거운 주목을 받지 못했을 것이다. 사우나의 기능을 그대로 지니면서 사회적 이슈에 접근하는 방편을 예술적으로 제시한 사례이다.

나는 한국과 핀란드에서 사우나 문화를 경험하며 국적을 불문하고 사람을 소소하게 연결해 주는 신기한 공간임을 확인했다. 다 같이 거의 벗은 몸으로 사우나에 들어갔다가 나오는 일은 생각이 다르더라도 함께 동일한 경험을 공유한 끈끈한 느낌을 준다. 딱딱한 회의장이나 사무실보다는 평소와 다른 온도 속에서 편안하고 이완된 신체로 만나 대화하는 공간의 경험이 예상과는 전혀 다른 결과를 가져올 수도 있다.

솔라 에그의 '태양'과 '계란'은 새롭게 시작하거나 태어나는 상징이다. 이는 사우나가 대화와 공동체를 위한 상징으로 다시 태어나는 은유이기도 하다. 모닥불을 피워 놓고 대화하며 음식을 나누어 온 오래된 인류의 역사가 있었다면 오늘날에는 황금알 사우나가 그 기능을 이어받아 주면 어떨까. 이 독특한 인큐베이터는 훈훈함 속에서 아이디어를 자유롭게 교환하면서 마을의 문제 해결을 이끌어내는 데 일조하게 되지 않을까? *

포옹의
가치

요즘 사람들 사이의 소통은 인스타그램과 같은 SNS로 자기 전시를 하고 '좋아요'를 눌러 주는 일인 듯하다. 그래서 어쩐지 '소통하다'의 뉘앙스도 바뀌어 버렸다. 간편하며 파급력 있는 SNS는 효율적인 홍보 마케팅 도구와 수입 창출원이 되어 주기도 한다. 이런 시대에 나는 SNS를 하지 않는다. 왜 SNS를 하지 않느냐는 질문도 종종 받는다. 타인들이 내가 어디에서 무엇을 하는지 SNS를 통해 알 수 없을 뿐, 소통에 문제가 생기거나 불편함을 느껴 본 적은 없다. 사회 관계망 서비스는 오래전 싸이월드cyworld 경험으로 충분했고 지금은 이메일과 문자나 전화만으로도 좋다. 만일 내가 SNS를 한다면 순전히 일 때문일 텐데 지금까지는 SNS를 해야만 하는 고비를 어찌어찌 잘 넘겨 왔다.

SNS에 관한 나의 관심사라면 개발자들이 인간의 심리를 어떻게 이용하는지, 그런 메커니즘이 어떤 방식으로 중독성을 갖게끔 설계되어 있는지이다. 나의 협소한 관점에서 소셜 네트워크 플랫폼에서의 연결은 과잉적이거나 역으로 무언가 빠져 있다. 아이러니한 것은 24시간 어디든 닿을 수 있는 초연결 사회에서 외로움이나 공허함을 느끼는 사람들이 적지 않다는 것이다. 바꾸어 말하면 실제 의미 있는 연결은 충분하지 않다는 반증이다.

이러한 흐름 속에서 미국에서는 감정적 웰빙을 추구하고 외로움 해소를 모토로 하는 '포옹 서비스'가 주목받는다. 포옹 전문가cuddlist가 고객을 안아 주는 서비스는 특히 연말에 이용자가 많다. 포옹을 통해 일종의 정신 건강 테라피를 기대하는 고객은 가벼운 포옹, 꼭 끌어안기, 안고서 오랫동안 앉거나 누워 있기, 포옹한 상태로 가벼운 대화하기, 껴안고 가볍게 어루만져 주기 등 포옹과 관련된 전문적인 서비스를 받는다. 이용료는 평균적으로 시간당 80달러 수준이라고 한다. 당연히 성적 접촉은 금지되어 있다.

커들리스트Cuddlist 공동 창립자인 아담 리핀Adam Lippin에 따르면 주로 40대에서 60대 남성 고객들이 포옹 서비스를 이용하는데, 대부분 불안, 스트레스, 상실감을 느끼는 사람들이다. 포옹 서비스는 미국 전역으로 확산되며 산업의 형태로 진화하고 있다. 이들은 인간의 기본 욕구 중 신체적 접촉인 터칭에 주목하였다. 커들리스트는 상호 합의에 따른 따뜻한 포옹과 손길이 서로에게 유대감을 생기게 하고 궁극적으로는 의식의 변화를 촉발한 진정한 치유를 기대하고 있다.

2018년 영국에는 외로움을 담당하는 장관Minister for Loneliness
이 생겨서 큰 화제가 되었다. 영국에서는 900만 명이 고독으로
인한 고통을 호소한다고 한다. 외로움을 호소하는 이들은 전 연
령층에 걸쳐서 다양한데, 특히 75세 이상 인구의 절반가량은 혼
자 살며 심각한 경우 일주일까지 사회적으로 교류 없이 지낸다.
이는 매일 담배 15개비를 흡연하는 만큼 건강에 해롭다는 연구
결과에 따라 외로움 장관이 마련되었다. 외로움 장관은 관련 전
략을 세우고 연구와 통계화를 바탕으로 사람들을 연결하는 사회
단체에 자금을 지원하는 역할을 한다. 영국 사회는 외로움이 사
람을 죽음으로 몰 수 있는 현대 사회의 슬픈 현실을 외면하지 않
고 국가적으로 직접적인 행동을 취하기 시작했다.

이러한 세계 동향 속에 한국도 예외가 되지는 않는다. 굳이 예
를 들지 않더라도 이미 정신 건강과 관련된 사회적 이슈들이 심
각하게 대두되어 왔다. 나 역시 혼자서는 해결할 수 없었던 마음
의 상처 때문에 임상 심리 상담 전문가에게 도움을 받은 경험이
있다. 또한 가깝고 먼 곳에 마음 아파하며 가까스로 살아 내는 사
람들이 많다는 것도 알고 있다. 정신과 신체에 관련된 각종 징후
와 증후군들은 앞으로 결코 줄어들지는 않을 것이다. 그래서인지
나는 아무리 즐거우려 해도 마냥 즐거울 수는 없다. 과도한 경쟁
과 긴장으로 병든 사회에서 혼자 만족하는 것은 별다른 의미가
없다고 생각하기 때문이다. 타인의 아픔이나 고통은 언제든지 나
의 문제가 될 수 있다. 정신적인 문제는 개인이 극복하고 해결해
야 할 문제가 아니다. 개인의 탓으로 돌리는 것은 이제 그만 멈춰

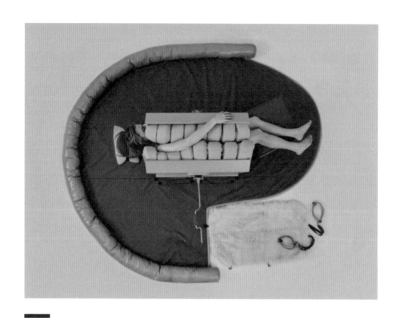

미국 LA를 기반으로 활동하는 루시 맥레이Lucy Mcrae는 인간적 접촉이 줄어든 디스토피아 속에서 친밀감을 갈망하는 사람을 안아 주는 전신 포옹 기계 '컴프레션 카펫Compression Carpet'을 발명하고, 샌프란시스코 전시회 《Festival of the Impossible》에서 공개했다. 스스로를 몸 건축가Body Architect라고 부르는 작가는 증가하는 기술의 유입이 사람들의 정신 건강에 큰 영향을 미치는 미래를 상상하고 타인과의 물리적 접촉보다 기계적인 접촉이 해결책이 될 수 있을지 묻는다.

이 장치는 피부색을 연상케 하는 분홍색과 옅은 갈색의 쿠션과 갈색 카펫으로 구성된다. 사용자는 여러 개의 작은 쿠션이 샌드위치 모양으로 놓인 공간에 눕는다. 다른 사람이 장치에 연결된 핸들을 돌리면 여러 개의 쿠션이 서서히 사용자의 몸과 가까워지면서 전신을 꼭 껴안듯 압박하는 원리다.

인간과 기계가 미래에 어떤 관계일지 탐구하는 작품 속에서 관람객은 샌드위치처럼 기계에 안겨 있는데, 그들은 자신보다 훨씬 덩치가 큰 친구가 안아 주는 느낌을 받거나 밀실공포증이 있더라도 이 장치에서는 안락함을 느꼈다는 소감 등을 전했다. 사진 출처: https://www.dezeen.com/

주었으면 한다. 그것은 사회적 타격으로 인해 발생한 사회적 문제이자 사회가 나서서 울타리가 되어 주고 치유를 위해 힘써야 할 일이다.

조선 왕조 오백 년의 유교 문화는 오늘날 한국 사람들의 집단적 (무)의식을 여전히 관장한다. 나는 한국 사회와 조직 문화에서 보이는 신체 표현이나 감정 교류가 억압적이거나 때로는 왜곡되어 있다고 생각한다. 지금까지 관찰한 신체 문화는 크게 두 가지 양상으로 귀결된다. 첫째는 신체 간 경직성과 부자연스러움이 보편적이라는 점, 둘째는 강제적이고 폭력적인 나쁜 신체 접촉으로 곧잘 이어진다는 점이다.

한국 사람의 신체 문화를 드러내는 대표적인 것이 얼굴이다. 나는 주관적이나마 사회 구성원들의 얼굴 표정과 웃음 빈도가 그가 속한 사회 행복도를 측정하는 지표가 된다고 본다. 그런데 우리 사회에서 자연스러운 미소나 웃음은 귀해지는 것 같다. 누군가에 의해서 혹은 의도적인 상황에 의해 촉발된 웃음이 아니라 자신과 타인에게 자연스럽게 열린 일상적인 미소 말이다. 한마디로 평소에 웃을 일도 여유도 별로 없다는 뜻이다. 미소도 감탄도 줄어든 무표정하고 삶에 찌든 얼굴이 오늘날 한국 사회의 정확한 민낯이다.

지금을 살아가는 얼굴들에서 삭막함과 불행을 목격하면 혹시 자연스러운 신체적 감정 교류에 관대하지 않은 문화가 그에 일조하는 것은 아닐지 생각해 본다. 신체 접촉을 통해서 상대에게 칭찬이나 용기, 기쁨, 애정이 긍정적으로 전달된다면 그것은 어떤 말보다 강렬하다. 한국 사회에는 좋은 접촉으로 안녕과 위로를 주고받거나 그에 상응하는 신체 상호 작용 문화가 존재하지 않았다. 그리하여 나는 자발적이고 일상적인 포옹이 치유의 수단으로서 우리 사회에 녹아들기를 바라고 있다.

나는 포옹 예찬론자로서 신뢰할 수 있는 가까운 사이에 오가는 포옹을 무척 좋아한다. 포옹이 좋은 이유를 말하자면 사소한 감정 교류의 행위가 따뜻함과 함께 미소도 동반하기 때문이다. 누구나 한 번쯤은 상대와의 포옹에서 큰 위로의 힘을 느껴 보았을 것이다. 만약 죽음을 앞둔 전쟁터나 재난의 상황에 놓인다면 인간이 할 수 있는 일은 곁에 있는 사람들과 포옹하는 일이 될 것이다.

나는 성장하는 동안 하루에도 몇 번씩 엄마와 포옹하곤 했다. 이것은 습관이 되어서 지금도 엄마와 일상적으로 포옹하는 일이 전혀 어색하지 않다. 포옹하지 않은 날은 해야 할 일을 하지 않은 것처럼 느껴진다. 나는 몇 백 개의 SNS '좋아요'보다는 한 번의 진정성 있는 대화, 눈 맞춤, 끄덕임, 포옹으로 마무리되는 만남을 선호한다. 포옹을 하고 나면 왠지 상대와 공감한 느낌을 받고 안정감을 얻는다. 포옹은 상대를 향하면서 자기 자신을 향하는 아름다운 몸짓이 아니던가. 포옹이 전염되고 미소가 퍼져 나가는 일처럼 좋은 것도 없다.

프랑스에 잠시 거주했던 과거에 프랑스식 인사 비쥬^{bisou}를 배웠다. 만나거나 헤어질 때 또는 수시로 상대방과 짧게 양쪽 볼을 번갈아 맞대는데, 한쪽 볼이 닿을 때마다 '쪽' 소리를 낸다. 얼굴과 볼을 접촉함은 상대에게 열려 있고 신뢰할 만한 대상임을 암시한다. 이 행위는 사적인 자리에서 처음 만난 사람에게도 때로 가능하다. 동아시아권에는 없는 문화라서 처음 경험하는 사람은 당황스러워한다. 하지만 비쥬를 하게 되면 마법처럼 상대방과의 거리감이 좁혀지고 금세 친근감을 갖게 해 준다는 것을 알게 될 것이다.

나는 프랑스 비쥬를 통해 타인과의 좋은 접촉과 감정 표현은 관계가 좀 더 진실하게 견고해지고 부드러운 윤활유 역할을 한다는 것을 배웠다. 비쥬든 무엇이든 좋은 신체 접촉이 어색하지 않은 사람이 곁에 있고 그런 표현에 있어서 타인을 의식하지 않는다면 그 자체로 삶의 작은 행운처럼 느껴질 것이다. *

미술관에서
작품을 만지고 싶었다면

잘 알려진 그리스 신화 피그말리온Pygmalion 이야기로 시작하려 한다. 독신으로 조각에만 몰두하던 피그말리온은 이상적이고 아름다운 여인의 조각상을 만들고 사랑하게 된다. 그는 자신이 만든 조각상을 연인처럼 아끼고 보살피면서 사랑의 여신 아프로디테에게 조각상이 정말 사람이 되게 해 달라고 기도했다. 어느 날 집으로 돌아온 피그말리온은 여느 때처럼 조각상의 입술에 자신의 입을 맞추었다. 그러자 조각상의 입술에서 온기가 느껴지며 얼굴에는 혈색이 돌기 시작했다. 차갑고 단단한 대리석은 점차 부드럽고 따뜻한 여인의 살결로 바뀌었다. 몸 전체로 온기가 퍼진 대리석은 마침내 심장이 뛰고 숨을 쉬는 살아 있는 여인이 되었다. 피그말리온의 뜨거운 사랑과 정성에 감동한 아프로디테가 그의 소원을 이루어 준 것이다.

Auguste Rodin, Danaïd, marble,
36 × 71 × 53cm, 1889
사진 출처:
https://www.wikiart.org/

　수년 전 파리 체류 시 로댕 미술관Musée Rodin에서 보았던《로댕, 살과 대리석Rodin, flesh and marble》전시는 피그말리온 이야기를 떠올리고 수긍하게 만들었다. 로댕과 그를 돕던 조수들의 손끝에서 탄생한 대리석 조각의 감동은 사뭇 언어로 표현하기 힘들었다. 물속을 가르는 듯한 움직임과 조화로운 숨결이 흐르는 조각상은 차가운 대리석이라는 사실을 무색하게 지워버렸다. 조각에는 별다른 감흥을 느끼지 않았던 내가 '신이 있어서 빚는다면 이런 것일까!', '조각을 보고 울 수도 있겠구나!'라고 생각하게 되었다.

　유연하고 부드러운 살결과 나른하면서 생기 있는 포즈에 가슴이 요동쳤고, 매끄러운 신체에 드리운 빛과 음영은 전율하기에 충분했다. 그것은 단지 외형적인 형태 때문이 아니라 형태의 내부에 깃든 예술가의 정신적인 울림에서 발하는 감동이었다. 조각 상의 아우라는 과거, 현재, 미래의 시공간이 일순간에 연결된 것 처럼 나를 꼼짝없이 붙들어 놓았다. 저절로 경외심이 드는 걸작 을 넋 놓고 바라보다가 무엇에 홀린 사람처럼 조각상을 만질 뻔 한 기억이 난다. 로댕이 구현한 신체 조각은 나의 삶이 한 단계 고양되는 느낌마저 안겨 주었다.

같은 해 파리 까르띠에 현대 미술 재단Fondation Cartier pour l'art contemporain 전시에서 호주 멜버른 출신의 조각가 론 뮤엑Ron Mueck의 작품을 만났다. 그의 조각들은 극사실주의로 유명하다.

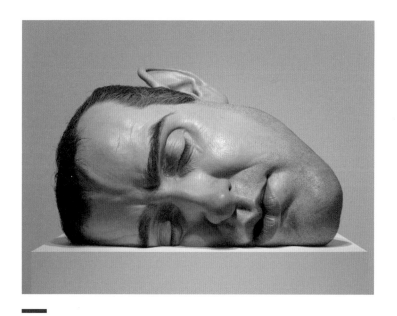

Ron Mueck, Mask Ⅱ, 2011-2002, mixed media, 77 X 188 X 85cm
사진 출처: Charlie Clarke LLP

선명하고 디테일한 피부결, 주근깨, 주름, 근육 등 그가 만들어
낸 인물들은 실제보다 더 실제 같은 힘을 실감케 했다. 진짜처럼
보이는 크고 작은 조각의 스케일은 이목을 끌기에 충분했고 작
품 주변에 서 있는 사람이 되레 허구에 가깝게 느껴질 정도였다.
무엇보다 다양한 인간 군상을 통해 삶의 어느 순간을 예리하게
포착한 작가의 표현력에 눈을 떼기 힘들었다. 사실적인 신체의
제스처와 표정에서 느껴지는 불안한 내면, 무언가 감추고 있는
듯한 모습은 그 너머의 이야기를 상상하도록 자극했기 때문이
다. 이 범상치 않은 조각들은 대체 어떤 재료로 만들어진 것인지

Ron Mueck, Two Women, 2005, mixed media, 85 X 48 X 38cm
사진 출처: Charlie Clarke LLP

궁금해졌고 작품을 실제로 만져서 질감을 확인하고 싶은 마음이 들었다.

그러나 미술관이나 박물관에서 작품을 만지면 안 된다는 것을 누구나 알고 있다. 그렇게 교육 받은 성인도 감동적이고 매혹적이거나 새로운 작품들을 마주하면 손을 대고 싶어 한다. 특히 어린이의 경우에는 금기의 유혹을 이기지 못하고 종종 손을 뻗어 만지곤 한다. 만지지 말라고 하면 더 만져 보고 싶은 것처럼 말이다. 그들의 호기심을 이해하기 때문에 눈으로만 보아 달라고 말할 때마다 나도 마음이 썩 좋지는 않았다. 미술관에서 작품을 만지고 싶었던 적이 있었다면 왜 그런 걸까?

런던 버크벡 대학Birkbeck College의 박물관학 교수이자 『예술, 박물관, 그리고 터치Art, Museums, and Touch』의 저자인 피오나 캔들린Fiona Candlin은 관람객들이 허락 없이 전시 작품을 만지는 동기와 어떤 것을 만지기로 선택하는지 그리고 무단 터치가 어떻게 느껴지는지를 조사하는 데 수년을 보냈다.

뮤지엄은 방문객이 조용히 걸으며 작품과 멀리 떨어져서 감상할 것이 기대되는 엄숙한 곳으로 여겨지곤 한다. 하지만 사람들은 작품과 거리를 좁히고 좀 더 친밀하게 상호 작용하기를 원한다. 캔들린에 따르면 그것은 일차적으로 더 알고 싶은 욕구 때문이다. 작품이 어떻게 만들어졌는지 무엇으로 만들어졌고 어떻게 구성되어 있는지 이해하고 싶어서라는 것이다. 작품의 표면이 얼마나 정교하게 마무리 되었는지, 어떻게 결합되었는지 또는 조각이 얼마나 깊은지 아는 데 가장 좋은 방법은 터치이기 때문이다.

또한 만짐으로써 예술 작품의 진위를 확인하고 싶어 한다. 관람객은 확실하지 않은 것은 만져서 평가할 수 있다고 생각한다. 인간이나 동물 조각상을 만지는 경우는 전시된 예술 작품과 상호 작용하고 싶어 하는 심리와도 연관된다. 관람객은 그것들이 진짜가 아니기에 쉽게 만질 수 있게 되고 작품을 두고 시각적인 농담을 하면서 자신과 함께 있는 사람들을 위해서 만져 본다는 것이다.

더불어 작품 앞에서 종종 감정적인 반응이 나오는 것은 단지 기술적인 감상이 아니라 작품 뒤에 놓인 인간적 요소, 즉 예술가와 자신과의 사이의 어떤 연결감을 원해서라고 설명한다. 예를 들어, 예술가의 손 조각이 놓여 있다면 자신의 손을 포개어 서로의 손이 만났다고 생각하는 것이다.

캔들린은 미술관과 박물관의 규율을 어기라고는 할 수 없지만 어쨌거나 만지는 것은 중요하며 예술을 경험하는 불가피한 부분이라고 보았다. 미술관 측이나 보안 요원은 곤란하겠으나 사람들이 손가락으로 만지는 것에 그치지 않고 작품을 쓰다듬고 잡아 보고 흉내 내기 때문에 터칭을 작품과 신체적으로 상호 작용하는 방법의 일부로 바라보아야 한다고 주장한다.

관람객의 참여와 상호 작용을 기다리는 최근의 인터랙션 작품들을 떠올리면 손으로 만져도 좋은 작품이 늘어나는 추세이다. 촉각 재현 기술이 발전한다면 VR과 AR을 비롯하여 문화 예술 콘텐츠에 활용될 것이 많다. 또한 직접 미술관에 방문하지 않고서도 조각상을 만져 보고 느끼게 될 수도 있다. 한편으로는 만지지 않음으로써 작품의 신비감이나 비밀스러움을 유지하는 것도 관람객에게 나쁘지 않다고 생각한다. 만져서 실체감을 느껴 보았는데 막상 별것이 아닌 것 같아 실망하거나 더 이상 기대를 갖지 않게 될 수도 있으니 말이다. *

3
장

촉각,
소설이 되다

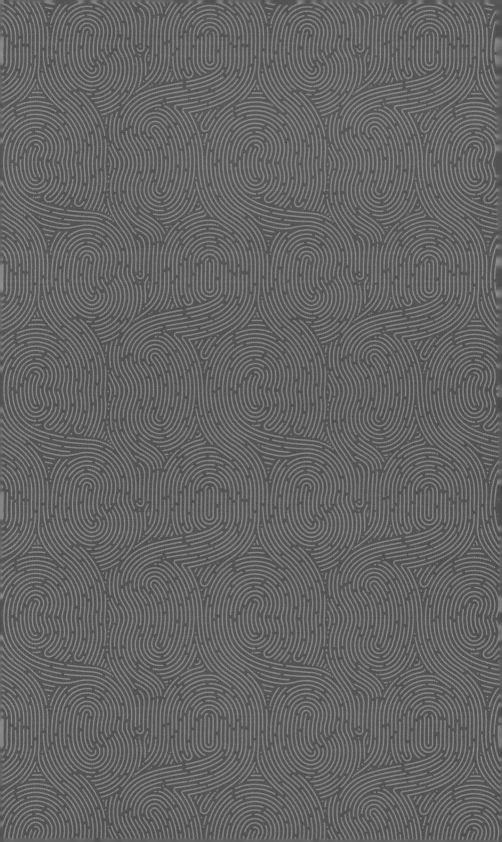

이불

I.

영/수 과외 월 50. 중딩

시험 기간에 더 봐주면 보너스 챙겨 준대

관심 있으면 얼른 답장 바람

　해란은 메시지를 몇 번이나 만지듯 읽었다. 검지로 강아지 머리를 쓰다듬는 것처럼 터치스크린을 만지작거렸다. 그러다 휴대폰 글자들이 자기 멋대로 흩어지며 다른 말로 재조합되거나 [어쩌니. 잘못 보냈어. 미안ㅜㅜ] 따위의 새 메시지가 날아오는 불온한 상상도 했다. 그러면서 더도 말고 덜도 말고 지금만 같아 달라는 출처 없는 염원이 샘솟았다. 해란이 알고 있는 신들을 급히 나열해 보았다. 예수님, 부처님, 알라신, 도깨비, 산신령, 동네 귀신….

_L 관심이 왜 없겠니!

_L 넘기지 마 내가 할게

_L 구세주야 고마워 밥 산다!

그녀는 도희에게 하트 한 바가지 쏟는 라이언을 보내고 1이 사라지길 기다렸다. 그러나 어쩐지 다시 침울해졌다. 학교 도서관 아르바이트 탈락 통보를 받고 아무 버스에나 터덜터덜 오른 참이었다. 버스의 목적지도 인간 해란의 종착지도 알 수 없었다. 면접에서 무얼 잘못 답했을까 곱씹었으나 소용없었다. 이번 학기는 어떻게 버텨야 할까 생각하니 저절로 머리가 창문에 처박혔다. 그녀의 생각은 점진적인 뜀박질을 시작했다. 대학을 왜 갔을까, 유튜버를 해야 하나, 아니다, 역시 부동산인가, 그러나 그것은 로또의 소관일 테고. 그러다 생각을 그만하고 싶다는 생각으로 생각이 다시 연장되었다. 해란은 생각을 연장한 죄로 빨리 늙어 버리길 희망하는 철학자가 되었다. 모호한 철학자는 끝여름의 버스 안에서 발이 시렸다. 그 언젠가 풀장에 발을 들이미는 꼬마가 불현듯 떠올랐다.

꼬마는 평소처럼 발이 바닥에 닿지 않자 무언가 잘못 되었음을 알았다. 그저 좋다고 들어간 곳은 금지된 어른 풀장이었다. 가늠할 수 없는 깊이의 차디찬 물이 꼬마를 쉽사리 놓아주지 않았다. 시퍼렇게 질린 꼬마가 허우적거릴수록 소독약 친 물이 목구멍으로 넙죽넙죽 넘어갔다. 주변에 자신과 같은 이가 아무도 없다는 사실이 꼬마를 더 공포스럽게 만들었다. 수면 위아래를 몇 번 왔다갔다하다가 수면 밖 세상이 점점 멀어지며 일그러지고 일렁거렸다. 그만 힘이 빠져 발버둥치는 일을 멈추었을 때 날아든 구명조끼 같은 메시지였다. 발이 시렸던 철학자는 갑자기 무더위를 느끼며 쾌재를 불렀다. 그러나 곧 모든 것이 거북하게 느껴진 것이었다.

재미 좀 보는 코스닥 코스피라면 모르겠다. 지하로 꺼져 버린 상심과 뜻밖의 환호로 널뛰는 하루살이의 증시가 구질구질하다고 생각했다. 일희일비의 마음은 얄팍한 것이니 현자는 크게 기뻐할 것도 슬퍼할 필요도 없다고 했거늘. 하지만 그런 현자도 자신처럼 가까스로 살아 내고 있다면 그런 말이 쏙 들어갈지도 모른다고 생각했다. 해란은 요동치는 마음의 그래프를 따져 보다가 고상한 상념 따위는 걷어치우자고 했다. 어차피 마음은 하루에도 수십 번 변하는 것이 아니던가. '평정심'이니 '한결 같은 사람'이니 하는 말들은 입으로 먹고 사는 한가한 종교 지도자나 할 소리라고 매듭지었다. 그녀가 소환한 세상의 신들은 퇴근했다.

버스는 달릴수록 가벼워졌다. 시원한 환상 버스는 맨 얼굴의 바람을 잘도 감추었다. 그녀는 주변에 아무도 없는 것을 확인하고 창문을 조심스레 열어젖혔다. 도시 열기를 담은 꿉꿉한 바람이 해란의 얼굴을 덮쳤다. 타오르는 바람이 머리칼을 마구 흩트려 놓고서 멋대로 흡족해했다. 아무렴 상관없었다. 진실처럼 데일 것 같은 바람에 무지개를 녹이고 내쫓은 지는 오래였다. 곰팡이 먹은 온실 같은 에어컨 바람보다는 차라리 현실과 닮아서 불안마저 달아나게 해 주는 것이었다. 덥혀진 얼굴을 하고서 문득

이 세상 끝까지 달린다는 하니를 떠올렸다. 막상 그 만화를 보고 자란 세대는 아니지만 어쩐지 주제가도 알고 있다. 달-려라- 달 -려라- 달-려라 하니- 하니-. 본디 주제곡의 클라이맥스는 힘차 게 불러야 제맛이나 버스는 허락하지 않았다. 해란은 하니가 무 엇 때문에 그토록 달렸을까 생각했다. 사람들이 알고 있는 것처 럼 엄마에 대한 그리움이나 새엄마에 대한 분노가 아니라 아집 을 이겨야 했던 것은 아닐까 추측했다. 사실 하니는 가난하지만 착하고 꿋꿋한 소녀가 아니었다. 제 발로 금수저 집을 나가 옥상 살이 하며 착한 새엄마에게 있는 대로 성질부리고 정당하게 이 사 온 나애리에게 포악질 하는 중학생일 뿐이었다. 해란은 더 이 상 하니 편을 들어줄 수 없다고 생각했다.

버스가 신호에 걸려 잠시 멈추었다. 어느 대형 서점 홍보 스크 린의 문구가 시야를 막아 버렸다.

작고 사소한 것의 소중함을 아는 당신

해란은 읽지 않고서는 지나칠 수 없는 글자들이 공해처럼 느 껴졌다. 고개는 끄덕여지지 않았고 서점의 홍보 마케팅은 그녀에 게 실패했다. 애초에 너라는 사람에게 큰 것은 허락되지 않으니 — 앞으로 네게 그럴 가능성은 1도 없을 테니 — 입에 적당히 풀칠 하며 작고 사소한 것에 딱 만족할 줄 알아봐. '크고 거대한 것의 소중함을 아는 당신'은 소수만이 알 수 있으니 알려고 하지 마. 개천에서는 긍정의 힘에 만취되어 가재나 개구리 정도로 사는 것이 진리인데 어째서 다른 것이길 바라느냐 다그치는 공적 담합 같은 것. 개돼지는 그래야 제정신으로 살 수 있을 테니 알아서 마음의 방향키를 돌리라는 것. 해란은 누구도 그런 말을 의심하지 않는다고 생각했다. 그녀는 한동안 평균의 바구니 앞에서 기웃거리며 서성였다. 그러나 발바닥에 불이 나게 뛰어도 제자리인 자신을 어떻게 설명해야 할지 몰랐다. 이미 충분히 작고 사소하다고 생각했으며 그마저도 잘 허락되지 않아서 더 이상 사그라질 구석이 없을 지경이었다. 세상이 자신을 등진 느낌인데 세상을 생각해서 무엇하는가. 이제 그런 식의 과식은 충분했다. 그녀는 고개를 도리질하는 것으로 뭘 좀 아는 당신이 되기를 거절했다.

버스는 다시 출발했고 해란은 이제 어디로 달려야 할까 생각했다. 임시 목적지가 설정되었다. 이름이 무엇인지 어디 사는지 모르는 그 중딩네 집으로 달려 보았다. 어떤 아이일까, 말은 잘 들을까, 학부모는 무엇을 요구할까. 도희의 얼굴이 스쳤다. 약삭빠른 도희가 가뭄이 든 과외 자리를 쉽게 넘길 리 없는데. 해란은 저 멀리 푸른 들판 너머를 가늠하는 몽골리안처럼 눈초리가 잠시 가늘어졌다. 그러나 그게 다 무슨 상관이랴. 하느님이 보우하사 우리 도희 만세다. 앞선 의심은 해롭고 통장의 숫자만이 정직할 것이외다. 도희의 꿍꿍이가 카페에서 동기들과 디저트라도 사 먹고 취업 준비하는 데 뒷걸음질치지 않는 일보다 중요하진 않다. 엄마가 보고 싶으면 달리는 것이 아니라 입금이 되면 달린다.

무목적 환상 버스는 바람 빠지는 소리를 내며 서울 서부의 한

적한 공터에 멈췄다. 해란은 그곳이 종점인지 모르고 자리에서 일어나지 않았다. 어서 내리라는 버스 기사의 재촉하는 목소리에 간신히 엉덩이를 떼었다. 버스가 떠난 적막한 공터에 해란만이 남았다. 사람은커녕 길고양이나 새 한 마리 보이지 않았다. 이리 저리 두리번거리고 있을 때 도희의 오케이 이모티콘이 담긴 카 톡 소리가 방정맞게 울려 퍼졌다. 해란은 휴대폰 전원을 꺼 버렸 다. 그리고 한 번도 가 본 적 없는 낯선 공터의 입구로 몸을 돌 렸다.

II.

그녀가 향한 곳에는 '공원 조성 공사 중'이라는 안내판이 내걸 렸다. 입장 금지라는 뜻인지 상관없다는 의미인지는 확실치 않아 보였다. 안내판을 지나쳐 천천히 걸음을 옮겨 보았는데 그것은 순전히 바람 때문이었다. 방금 전 버스에서 느낀 바람과는 확연 히 다른 온도와 질감이 미지의 길을 걷게 했다.

청량한 바람 사이로 머리칼이 춤추었다. 바람은 후퇴하는 법 없이 모든 존재를 앞으로 떠밀었고 해란은 바람을 처음 배우는 사람처럼 뒤뚱거리며 나아갔다. 바람은 그녀가 감각하는 불균형 한 세상의 저울대에 균형을 가져다주었다. 해란은 아무도 찾지 않는 곳에도 바람이 불어 주기 때문에 이해할 수 없는 세상이 평 형을 유지하는 것처럼 보인다고 생각했다. 바람은 그녀의 머리 어깨 무릎 발 무릎 발을 스쳤다가 도망쳤다. 혼자 걷고 있지만 보 이지 않는 누군가와 함께 걷는다고 느꼈다. 그래서 움직이는 고

기 덩어리는 외롭지 않았다. 매직으로 타투한 숫자를 매기고 쇠
고랑을 찬 채 순서를 기다리는 정육점의 덩어리는 바람에 스치
면 꿈틀댈 줄도 알았다. 아파할 줄도 미소를 지을 줄도 아는 그런
덩어리였다.

바람과 한 몸이 된 맑은 덩어리는 어느 이솝 우화 속으로 걸어
들어갔다. 나그네를 두고 해님과 바람이 내기를 했다. 나그네의
옷을 누가 벗길 수 있을지에 관한 것이었다. 누구나 아는 결론대
로 흘러가리라 장담한 해님이 먼저 뜨거운 햇살을 내리쬐었다.
해님은 정설이 된 이야기를 답습하며 느긋하게 승리를 확신했다.
바람이 옷을 벗긴다는 것은 듣도 보도 못한 이야기였기 때문이
었다. 그러니 어서 나그네가 더위를 느끼며 옷을 벗어야 했다. 하
지만 예고된 레퍼토리는 보기 좋게 빗나갔다.

이제 바람의 차례가 되었다. 나그네의 몸에 매달린 바람은 춘향
이처럼 그녀를 탔다. 살갗으로 파고든 바람이 혈관을 새로이 채우
고 뼈를 세우며 근육을 담금질했다. 나그네는 간지러웠다. 곧 비
실비실 웃음이 새어 나오는 것을 막지 못하고 들판을 이리저리
뛰다가 마침내 대굴대굴 굴렀다. 나그네의 옷은 저절로 끌러지
고 벗겨졌다. 바람의 옷을 입은 나그네는 세상에서 완벽히 지워
졌다. 이렇게 인간이기를 바라는가 싶었다. 오직 다독이는 바람
의 감촉만이 고기 덩어리에 촉촉하게 남겨졌다. 바람에 문드러진
살결은 마침내 땅으로 돌아갔고 그 위로 허물처럼 벗은 옷자락
이 최후의 승리를 뽐내며 넘실댔다. 해님과 바람 이야기는 언제
나 같은 것이 아니었다. 사람들이 아는 이야기는 때때로 틀렸다.

어느덧 해란은 하늘과 맞닿은 지평선이 보이는 들판에서 걸음을 멈추었다. 그곳은 공사의 흔적들로 어수선했다. 한편에는 조악한 건축물이 세워지는 중이었고 반대편에는 크레인이 기린처럼 서 있었다. 그리고 그 옆으로 정체를 알 수 없는 두꺼운 천이 아무렇게나 쌓여 있었다. 역시 사람은 보이지 않았다. 해란은 자유의 들판 위에 털썩 앉았다가 뒤로 누워 널브러졌다. 붉은 기운이 감도는 하늘을 바라보며 지나가는 구름이 몇 개인지 세어 보았다. 다시 구름으로 이런저런 동물을 만들어 보다가 스르르 잠이 들었다. 시간이 얼마나 지났는지는 몰랐다. 허락된 시간은 그리 길지 않았는데 붉은 하늘빛이 검푸른 감색으로 바뀌면서 들판 가로등에 차례로 불이 들어왔기 때문이었다. 잠에서 깬 해란은 바람이 간신히 맞추어 놓은 세상의 균형이 하나씩 점멸함을 느꼈다. 인공적인 가로등은 이만 하루를 닫자고 부추겼다. 그녀는 간신히 자리에서 일어나 걸어 온 방향으로 발걸음을 떼려 했다. 그때 중학생으로 보이는 몇몇 무리가 소란스레 가로등 근처로 몰려들었다. 누군가의 목소리가 들판에 울려 퍼졌다.

"아 씨발. 깜짝이야. 야. 여기 누구 있어."

잠깐 정적이 흘렀다. 그러다가 속어 섞인 빠른 말과 왁자지껄한 목소리가 고요한 들판을 덮쳤다. 해란은 가로등 불빛 아래 그을리고 달구어진 덩어리들을 응시했다. 하루 빨리 어른이 되고 싶은 얼굴들이었다. 그들이 경쟁하듯 쏟아 내는 욕설을 뒤로 들으며 다시 들판을 가로질렀다. 그녀는 세상에 그렇게 다양한 종류의 욕이 있던가, 그 욕은 최초에 누구로부터 창작되어 전해졌던가 생각했다. 발화되는 소리의 의미는 대부분 알 수 없었고 발화자 역시 마찬가지일 것이라고 생각했다. 알면 사랑한다고 하던데 무슨 뜻인지 알면 여전히 사랑하며 지껄일 수 있을까. 소리는 점차 희미해지더니 어느 순간 더 이상 들리지 않았다. 해란은 걸음을 멈추고 뒤돌아보았다. 저 멀리 서로를 부둥켜안은 채 세상을 지워 버린 고기 덩어리들의 숨 가쁜 소리만 남았다.

III.

<blockquote>
도희야 아직 만나지도 않았는데

무슨 문의가 이렇게 많이 오니
</blockquote>

그러게 모르겠네

행운을 빈다 해란아

도희가 모른다는 걸 보니 모른 게 아니구나. 더구나 행운을 빌어 주었다. 도희는 과외를 주선하고서 왠지 언급을 피하는 눈치였다. 무언가 치고 빠지는 느낌에 불안한 예감이 엄습했다. 과외 학생의 학부모는 시도 때도 없이 해란의 신상 정보를 불어 왔다. 어떻게 가르칠지 계획을 말해 보라거나 학교에서 지금 무슨 과목을 듣는지, 무엇을 배웠는지와 같은 질문도 받았다. 의심이 많고 따지기를 거리낌 없이 드러내는 사람이었다. 그녀는 학부모에게 남몰래 숨겨 놓은 커다란 구멍이 있을 것이라 생각했다. 스스로는 모르지만 남들에게는 잘만 보이는 어처구니없을 만큼 순진한 면모 말이다. 나무만 보느라 숲이 타는지 모르는 사람은 대개 그런 자신을 인정하지 않았다. 그녀가 터득한 대처법은 언제나 나이답지 않게 세게 나가는 것이었다. 그렇게 이상한 신뢰를 한 번 얻어 놓으면 그 이후로는 일사천리가 되곤 했다. 이번에도 그렇겠거니 생각했다.

학부모의 문자 폭탄에 자신의 찡그린 얼굴과는 정반대의 이모티콘을 넣어 가며 그럴듯한 답변으로 응수했다. 아마도 바빠서 과외가 어려울 수 있으며 선입금이라는 말도 건조하게 덧붙였다. 자동 반사적으로 답장을 보내고선 막상 움찔했지만 대부분은 선생님을 빨리 만나 보고 싶다는 의사를 전해 왔다. 이번에도 우선 얼른 만나 보자는 답변이 돌아왔다. 해란은 못 이기는 척 수락했으나 넝쿨처럼 굴러들어 온 과외를 놓칠까 봐 조마조마했다. 어쩌다가 이렇게 되어 버렸나 씁쓸했다. 순수를 잃었다고 생각했다.

학부모가 알려 준 주소지로 찾아갔다. 부유한 동네의 어느 건물 맨 꼭대기에 위치한 가정집이었다. 보안 장치를 여러 군데 설치한 건물은 입장부터 범상치 않았다. 아래층에서 인터폰과 보안 관리원의 불친절한 간이 심문을 뚫고 올라가면 2차로 확인하는 중간 문과 임시 번호가 주어졌다. 그 문을 통과해 꼭대기에 다다르면 임시 번호 재확인을 거쳐 문이 열리는 시스템이었다. 꼭대기에 다다르는 동선에는 건물주의 성격이 그대로 묻어났다. 해란은 이런 곳에선 도대체 누가 사는 것이냐며 혼잣말을 흘렸다. 누군가를 가두고 바깥으로 나가지 못하게 감시하는 첨탑마냥 유난스럽다고 생각했다. 아니면 과거에 호되게 도난을 당해서 아무도 믿지 못하게 되어 버린 사람의 방어막 같은 것이거나.

그런데 막상 그녀를 맞이한 사람은 의외의 인물이었다. 중학생을 둔 연령대의 어머니가 아니라 백발이 지긋한 할머니였다. 해란은 잠시 도우미 할머니인가 생각했다. 그러나 연락을 취한 사람이 자신이며 학생의 할머니라는 사실을 밝혔을 때 그녀는 당혹스러웠다. 줄기차게 물어 오던 문자의 주인공이 노인일거라고는 상상도 하지 못했기 때문이었다. 학교 내신 관리나 입시를 훤히 꿰고 있기에 헬리콥터 학부모쯤이지 않을까 생각한 정도였다.

해란은 건조한 분위기 속에서 할머니의 날카롭고 예리한 문답 테스트를 치렀다. 어떤 결함을 찾아내고야 말겠다는 할머니의 전투적인 태도는 꽤나 살벌했다. 해란은 자신을 향한 못 미더운 눈초리에 약간 주눅이 들었다. 무슨 답을 어떻게 했는지 기억도 나지 않았다. 어째서 스타 강사가 아닌 대학생 따위에게 과외를 하려는지 의아해졌다. 할머니는 질문 공세 끝에 흡족하진 않지만 어디 한번 해 보라는 식으로 해란을 방으로 밀어 넣었다. 해란이 질문할 기회는 주어지지 않았다.

그녀가 들어간 방은 여느 학생들의 방처럼 평범했다. 책상과 의자가 있고 그 반대편에는 침대와 옷장이 있었다. 벽에 붙은 책장에는 중학생이 읽지 않을 법한 책들이 가득 꽂혀 있었다. 그것들을 천천히 훑다가 시선이 머문 곳은 책상 위에 놓인 작은 이불이었다. 그것을 이불이라고 불러야 할지는 확실치 않았다. 그 방에서는 단연 돋보이는 것이었으나 침대에 있어야 할 이불이 어쩌다 잘못 놓여져 있을 뿐이라고 생각했다. 그 사이 문 밖으로 원망 섞인 목소리가 들리더니 방문 쪽으로 가까워졌다. 그러다 "할머니 미워!"라는 짜증 섞인 말과 함께 불쑥 문이 열렸다. 꽤나 예쁘게 생긴 여자 아이가 들어왔다.

"안녕."

해란이 인사하자 아이는 인사를 하는 둥 마는 둥 책상 위에 있는 이불을 재빨리 낚아챘다. 그러곤 이불을 자기 몸에 칭칭 말고서 그대로 태연히 의자에 앉았다. 순간 도희의 얼굴이 스쳤다. 이번 학기를 조금이나마 덜 가난하게 보내고 싶었던 일의 시작은 그러했다. 이불을 동여매고 눈만 빠끔히 내민 아이에게 무슨 말을 해야 할지 몰랐다. 모든 신경이 온통 그 이불에 쏠릴 뿐이었다. '에라 모르겠다, 애는 애지 뭐.'

"반가워. 우리 같이 공부하게 되었어."

"새로운 과외 쌤. 쌤은 얼마나 버틸까요."

"으응…? 이전 과외 쌤들이 얼마 못 있었나 보구나?"

"얼. 맞아요."

해란이 준비한 테스트 시험지는 꺼낼 수도 없었다. 아이는 히잡을 두른 것처럼 바짝 동여맨 이불 밖으로 두 눈만 계속 끔뻑일 뿐이었다. 이름을 물어보았으나 답해 주지 않았다. 그러고 보니 아까 만난 할머니도 아이의 이름을 말해 주지 않았다. 공부 이야기를 해 봤자 허공에서 바스라질 것이 뻔했다. 다른 것을 해야 했다. 할머니가 묻는다면 적당히 둘러대고 잘리자고 생각했다. 그런데 아무래도 이불에서 눈을 뗄 수 없었다. 수수께끼 같은 그것을 풀지 않고서는 무엇도 시작할 수 없다고 생각했다. 아이는 아무 말도 하지 않으면서 온몸으로 이불을 말하고 있었다. 자기 좀

164

봐 달라는 완벽한 구걸의 몸짓으로.

"그게 뭐야?"

"이불이요."

"알지. 스타일이, 느낌 있네. 나도 비슷한 이불 있는데."

아이는 흠칫 놀란 눈으로 해란을 쳐다보았다.

"그래요 쌤? 보는 눈이 있네요."

"그런 디자인이 흔치 않거든. 너랑 나랑 취향이 통한다는 말이
지."

해란의 입에서 거짓말이 잘도 나왔다. 다행히 아이가 인증 샷
을 요구하진 않았다. 물론 해란에겐 그런 이불은 없다.

"이렇게 날이 더운데 넌 춥니?"

"아니요."

"그런데 이불을 왜 그렇게 꽁꽁 싸매고 있어?"

"쌤이 알 필요 없어요."

"음. 내 이불도 그렇게 싸매면 좋을까 싶어서. 뭔가 좋으니까
네가 그러고 있지 않을까?"

"쉽게 알려 주면 안 되는데."

"뭔데. 나도 한번 해 보자."

아이는 망설이더니 툭 내뱉었다.

"엄마 살이 묻어 있어요."

"응?"

"엄마 살이 묻어 있어요. 엄마가 여기 있어요."

해란은 아무렇지 않은 척하기 위해 애썼다. 무어라 답하면 좋

을지 난처했다. 적당한 말을 찾지 못해서 슬쩍 말을 돌려 보았다.

"그렇구나. 그런데 이걸 왜 지금 싸매고 있는 거야?"

"이거 없으면 아무것도 못해요."

"정말?"

"학교에도 가지고 가요."

해란은 그다지 믿고 싶지 않아졌다.

"이불을? 선생님이 뭐라고 하시지 않아?"

"네. 뭐라고 하세요. 그건 상관없는데 친구들이 놀리는 건 좀 그래요."

"이불이 없으면… 어떻게 되는데?"

"엄마를 못 만지고 못 마셔요."

눈앞이 깜깜해졌다. 순식간에 많은 것을 알게 되었으나 이제부터 어떻게 해야 할지 몰랐다. 이번에는 아이가 불쑥 질문했다.

"쌤. 이불 계속 두르고 있어도 돼요?"

"어, 그럼. 이불 없으면 아무것도 못한다면서."

"그렇죠."

"내가 안 된다고 해도 어차피 계속 그러고 있을 거잖아?"

아이는 약간 놀란 눈을 했다.

"과외 쌤은 이불 치우라고 안 하네요. 다른 과외 쌤들은 왜 그러냐고, 더럽다고 치우라고 했거든요. 할머니처럼 이불을 뺏는 과외 쌤도 있었어요."

그러고는 마치 비밀인 것처럼 속삭이듯 말했다.

"제 이름은 서연이에요."

해란이 처음 겪는 일종의 사건은 길기도 하고 짧기도 했다. 과외 아닌 과외를 마치고 방문을 열고 나왔을 때 서연의 할머니가 초조한 모습으로 서성이고 있었다. 방에 들어가기 전까지만 해도 의심스런 표정으로 따갑게 쳐다보던 할머니가 발갛게 상기된 얼굴로 그녀의 두 손을 꼭 잡았다. 할머니는 떨리는 목소리로 아이가 처음으로 과외가 끝날 때까지 방에 있었다고 말했다. 그러면서 어떻게 그렇게 할 수 있었느냐 물었다. 해란은 잠시 머뭇거리다가 별일 없이 잘 마쳤으니 걱정하지 마시라는 말을 건네 보았다. 그러자 할머니는 감격한 폭포수처럼 말을 쏟기 시작했다. 서연은 과외를 시작하면 얼마 지나지 않아 방에서 뛰쳐나왔고 과외를 하지 않겠다는 말만 되풀이 했다는 것이다. 그간 오래 버티는 과외 선생이 아무도 없었는데 이번엔 처음으로 방에 끝까지 있었다는 내용이었다.

할머니는 이 일을 마치 기념비적인 사건처럼 여겼고 해란의 계좌 번호를 묻고서 그 자리에서 바로 입금했다. 얼떨떨한 해란은 큰일이라도 해냈나 싶었다. 그리고 오랜만에 자신이 괜찮은 사람처럼 느껴졌다. 허나 앞으로 감당할 수 있는 일인지 생각하니 암담해졌다. 지금이라도 과외를 무르고 마음 편히 다른 아르바이트로 도망가는 것이 좋지 않을까. 그러나 희망에 가득 차 부풀어 오른 사람 앞에서 그런 말을 꺼낼 수는 없었다. 무엇보다 이불에 대해서는 더욱 물을 수 없었다.

집으로 돌아온 해란의 머릿속에는 서연의 이불이 계속 맴돌았다. 커다란 꽃 모양이 아무렇게나 알록달록 박힌 이불은 지금까지 본 일이 없었다. 그것은 이불이라기보다 여러 천 조각을 이어 놓은 누더기에 가까워 보였다. 어느 방면에서든 이불은 본연의 제 기능을 하기에 힘들었다. 낡고 헤져서 금방이라도 뜯겨 나갈 것 같았고 세탁한다면 형체가 온전치 않을 것이었다. 이불의 촉감이 아닐 것은 만져 보지 않고서도 알 수 있었다. 다시 말하면 이불이 주는 포근함이나 따뜻함과는 거리가 멀었다. 그래도 이불이 더럽거나 나쁘게 느껴지지는 않았는데 그것이 이상하다면 이상한 점이었다. 서연의 이불이 알려 준 힌트로 미루어 보건대 서연의 엄마는 서연과 함께 있지 않았다.

해란은 침대 위에 누워서 자신이 덮는 이불을 만지작거려 보았다. 아무런 감흥도 실리지 않았다. 다른 것들보다 질감이 조금 보드랍고 두껍다고 느껴질 뿐이었다. 이번엔 서연처럼 이불에 코를 바짝 대고 혹여나 엄마 살 냄새 같은 것이 나는지 맡아 보았다. 이불에 얼굴을 비비적거려 보기도 하고 몸에 돌돌 감아 보기도 했다. 그러나 역시 아무것도 느낄 수 없었다. 그 날 해란의 꿈속에는 이불 더미에 파묻혀 끝없이 가라앉는 꼬마가 등장했다.

Ⅳ.

과외를 시작한 지 한 달이 넘었다. 서연은 해란을 곧잘 따랐다. 문제집을 펼치면 군말 없이 들여다보았고 숙제를 내주면 어설프게나마 해 왔다. 서연이 수업 시간에 공부와 관련된 질문을 하게 된 것은 장족의 발전이었다. 그런 와중에도 이불은 어김없이 서연과 함께했다. 그 둘은 서로 분리되어 있는 것이 아니라 탈부착하는 외피이거나 언제든 다시 입을 수 있는 허물처럼 보였다. 서연이 이불을 입고 이불이 다시 서연을 입었다. 이불이 곧 서연이고 서연이 곧 이불이었다. 서연은 종종 이불을 모아 코에 대고 한껏 들이마시는 시늉을 하고는 배시시 웃었다.

할머니는 해란에게 우리 선생님, 우리 선생님이라며 '우리'라는 말을 꼬박꼬박 붙여서 불렀다. 그렇게 무섭게 따지던 할머니는 온화한 얼굴이 되어서 어떻든 좋으니 서연과 같이 있어 달라고 했다. 그러면서 우리 서연이가 나쁜 아이는 아니라는 말도 꼭 덧붙였다. 할머니에게 해란은 헬렌 켈러의 설리번 선생님 같은 기적의 존재로 여겨졌다. 방으로 제공되는 간식은 계속 업그레이드되었고 과외를 마친 해란의 손에는 상품권과 선물이 건네졌다. 해란은 익숙지 않은 풍족함에 잠시 설레었으나 어쩐지 부담스러워졌다. 도희에게 자랑하고 싶은 마음과 자신이 응당 그런 것을 받아도 되는지 의심하는 마음도 교차했다.

그 사이 해란은 서연을 조금씩 알아 갔다. 서연은 학교와 학원 생활에 잘 적응할 수 없어서 개별 과외로 공부를 보충해야 했다. 부유한 조부모와 사는 서연은 물질적으로 풍요롭다 못해 흘러넘쳤다. 원하는 것은 무엇이든 갖고, 하고 싶은 대로 할 수 있었다. 서연의 할아버지는 중견 기업을 운영하며 아직까지 경영 일선에서 물러나지 않고 종종 해외 출장을 나갔다. 바쁜 일정 탓에 지금까지 할아버지와 마주친 일은 없었다. 서연의 할머니는 그 옛날 대학 교육을 받고 남편을 보필해 온 일에 상당한 자부심을 가졌다. 몸에 교양이 배여 있었고 아무하고나 말을 섞지도 않았다. 할

머니는 그리 친절한 사람도 아니었고 여기저기 떠벌리는 사람도
아니었다.

서연이네 가족은 사회적 분류에 따라서 결손 가정에 해당되었
으나 누가 보더라도 그런 카테고리에 속할 형편과는 상당한 거
리가 있었다. 무엇보다 서연이 결손 가정으로 분류된다면 가만히
있을 할머니가 아니었다. 누구에게 쉽게 말할 수 없는 아픈 손가
락일 뿐 서연의 결점이란 존재할 수 없었다. 한번은 학교에서 결
손 가정을 조사할 때 서연이 그렇다고 답했다가 이를 알게 된 할
머니가 심하게 서연을 혼냈다. 할머니는 서연에게 네가 뭐가 부
족하냐고 꾸짖었고 서연은 사실을 사실대로 말했을 뿐이라며 짜
증 냈다.

고상한 할머니는 서연과 대화할 때만큼은 쉽사리 교양을 잃었
다. 이들의 대화는 자주 누락되거나 기괴한 방향으로 흘러갔으며
알아들을 수 없는 고성으로 끝나곤 했다. 해란은 그런 대화를 들
을 때마다 자리에 계속 머물러야 할지 떠나야 할지 가시방석이
었다. 그들이 서로를 이해하는 것은 불가능에 가까웠으며 한집에
살면서 밖으로 튕겨져 나가지 않는 것만으로도 다행이었다. 해란
은 서연의 가족이 심리적 결손 가정이라고 생각했다.

서연의 조부모는 그들의 수준과 맞지 않는 것은 일절 상대하
지 않았다. 안락한 건물의 꼭대기에서 풍요를 지속하는 것으로
삶은 충분했다. 그곳에는 거의 모든 것이 있으므로 특별한 일이
없다면 늘 건물 꼭대기에서 머물렀다. 그런 생활은 서연에게도
고스란히 요구되었다. 서연은 조부모와의 세대 차이와 남들과는

다른 가족 문화에 숨 막혀 했다. 아무하고나 놀 수도, 할머니의 허락 없이는 외출할 수도 없었다. 할머니는 자신이 만든 온실 속에 서연을 보호하려 했고 서연은 온실에 구멍을 내고 밖으로 나가려 했다. 그러나 할머니는 자기 뜻대로 따르지 않는 손녀를 용납하지 않았고 서연은 자신의 운명을 어느 정도 체념한 상태였다.

서연은 자신을 마법에 걸려 개구리가 된 채 영원히 탑에 갇혀버린 공주로 비유하곤 했다. 누군가 구해 주러 올 때까지 개구리로 살아야 하는데 자신을 구하러 올 사람은 없다고 했다. 마법이 풀리지 않아도 좋으니 개구리보다는 날개 달린 새가 되어 훨훨 날아가고 싶다는 말도 했다. 그 집에 사는 사람들 머리 위로는 바람 한 점 불지 않았다. 해란은 타인들이 알지 못하는 서연 가족의 또 다른 삶의 목격자였다.

어느덧 해란은 자신의 일상에도 서연이 파고들었음을 깨달았다. 그녀에게 과외란 본디 단순 용돈 벌이 그 이상도 그 이하도 아니었다. 정해진 시간에 정해진 내용을 가르치면 그만이었다. 도서관 아르바이트에 합격했다면 서연을 만날 일도 없었고, 자신은 서연의 부모도 학교 담임도 아니었다. 조만간 대학을 졸업해서 사회에 나가야 하는 한낱 시한부 과외 선생일 뿐이었다. 그나마 사람들이 말하는 좋은 학교에 다니는 것이 세상에 대한 유일한 방어막이었다.

하지만 그것은 이미 갖추어진 자들의 룰 앞에서 아무것도 아니었다. 해란은 해야만 하는 자와 하지 않아도 되는 자의 차이를 깨닫는 데 그리 오래 걸리지 않았다. 누군가에게는 간단한 일이 그녀에게는 많은 시간과 노력을 들여도 얻을까 말까한 일이었다. 해란은 한치 앞을 내다볼 수 없이 곧잘 흔들리고 무너지는 평범하고 가난한 사람임을 자주 확인했다. 분노와 자책 사이에서 길을 잃은 평균 미달자는 세상이 벅찼고 열등감에 휩싸인 스스로를 다스리는 일이 버거웠다.

그런 미숙한 인간이 누군가를 가르칠 때는 정말 선생인 척해야 했다. 어른이 무엇인지 모르면서 어른 노릇을 하는 스스로가 역겨웠으나 그 역시 생활비 앞에서는 아무런 문제가 되지 않았다. 해란은 자신이 일종의 연기 생활을 한다고 생각했다. 그러나 연기력 없는 연기자는 안팎으로 시끄럽듯 자신도 그러했다. 진정성 같은 것이 있어야 연기가 연기가 아닌 것처럼 전해지는 법이었다. 그런 것은 아이들이 귀신같이 빨리 알아챘다.

해란은 연기자도 선생도 아닌 이상한 중간자라고 생각했다. 할머니의 기대와는 달리 과외를 계속할 수 있을는지 자신이 없어졌다. 해란의 말과 행동은 호수에 던져진 돌멩이처럼 잔잔한 파동을 일으켰고 서연은 해란을 그대로 흡수했다. 해란은 서연과의 관계를 편식도 과식도 할 수 없었다. 서연이라는 아이를 감당하고 있는 것인지도 알 수 없었다. 그저 자신을 좋아해 주는 사람을 외면하기 어렵다는 것만 분명했다.

서연은 해란과 만나는 날만을 기다렸다. 서연에게 해란은 쿨하고 진짜 관심을 주는 과외 쌤, 할머니처럼 숨통을 조이지 않으면서도 휘어잡는 신기한 과외 쌤이었다. 해란 자신도 알지 못하는 어떤 면모들이 서연의 마음을 완전히 사로잡고 있었다. 그렇다면 서연이 해란에게 집착할 것 같지만 전혀 그렇지 않았다. 서연은 사람 사이에 존재하지만 보이지는 않는 선을 기막히게 알고 있었다. 그 선을 아슬아슬하게 타면서도 절대로 넘어가지 않는 어떤 컨트롤 박스가 그 아이 안에 있는 것을 느꼈다. 그렇게 함으로써 자신과 상대의 관계를 공고히 하고 명분을 유지하는 것, 아니, 자신을 영구적으로 보호하는 듯했다.

해란은 조금 더 자세히 서연을 들여다보면서 무엇이든 한 번 더 생각해야 했다. 표면적으로는 이상 행동을 하는 아이쯤이었으나 알면 알수록 아이가 아닌 아이였기 때문이었다. 어른이 되어서야 조금씩 아는 것들을 서연은 벌써부터 알았고 해란은 진짜 선생이란 서연이지 않을까 생각했다. 다른 것에 매달려 봤자 소용이 없다는 태도는 서연이 해란에게 넌지시 가르치고 있었다. 서연은 말하지 않으면서 자신이 믿는 것을 말하였다.

V.

"아빠는 카자흐스탄에 있어요."

서연이 수학 문제를 풀다가 불쑥 이야기를 꺼냈다.

"아, 멀리 계시는구나? 아빠 보고 싶겠다."

"카자흐스탄에서 새로운 애인과 살고 있대요."

투명한 말 앞에 보탤 것은 없었다. 많은 것을 알고 있는 자 앞에서 어설픈 말은 얼마나 우스운 것이던가.

"쌤, 우리 이 이야기만 하고 공부해요. 엄마도 아빠도 나를 찾지 않아요. 내가 아기일 때 이혼했대요. 그저 반년에 한 번 정도 아빠 전화가 와요. 그러면 아빠 사진을 놓고 아빠를 상상하면서 통화해요. 아직도 사진처럼 생겼냐고 물어봐요. 그럼 아빠가 그때와는 많이 달라졌다고 말해요."

"아…."

"저는 가족이 없어요."

"가족이 왜 없어. 할머니, 할아버지가 계시잖아."

"쌤… 껍데기 가족도 가족인가요? 저는 가족 같은 건 안 키울래요."

어떤 날은 과외 진도가 쉽게 나가지 않았다. 서연이 할머니와 싸우고 이불을 빼앗긴 날은 특히 그랬다. 서연이 퉁퉁 부은 눈으로 방을 들락날락한다면 손에 이불이 들리지 않은 날이었다. 할머니에게 서연을 통제하는 수단은 곧 이불이었다. 할머니가 이불을 버리지 않는 이유는 서연을 움직이는 거의 유일한 도구였기 때문이었다. 이불은 종종 인질이 되어 할머니와 손녀 사이의 거래와 회유의 수단이 되었다. 서연은 이불을 뺏기게 되면 해란을 인질 삼아 돌려받으려 했다. 서연의 손에 다시 이불이 쥐어지면 다시 빼앗길까 봐 더 꼭 쥐고 끌어안았다.

"그렇게 꼭 쥐면 이불이 금방 닳지 않을까?"

"…."

"그렇게 하면 안심이 되는 거야?"

"엄마랑 같이 있으니까 괜찮아요."

"이불이 많이 닳았는데 다른 이불은 싫어?"

서연이 말없이 고개를 끄덕인다.

"그래, 그럼 잘 가지고 있어."

"엄마가 이불을 오래전부터 썼대요. 여기에는 엄마 손도 얼굴도 있어요. 쌤은 안 보이지만 저는 보여요. 참, 엄마는 미인이에요."

"그래, 엄마 닮아서 너도 이렇게 예쁜가 보다."

"쌤. 친구들이 저를 싫어해요. 저보고 못생겼대요."

"이런. 길 가다가 캐스팅될 만큼 예뻐. 네가 예뻐서 질투하는 거야."

"저 수업 마치고 학교 나서는데 JYT 매니저가 저한테 오디션 보자고 했어요."

"그거 봐. 너 예쁘다니까."

"연예인 하면 엄마가 날 만날까요?"

"음. 글쎄. 네가 유명해지면 엄마도 쉽게 알아보실 수 있겠지?"

"연예인 할까요?"

"그건 천천히 생각해 보자."

"쌤. 나중에 엄마한테 이불 보여 주고 싶어요. 이렇게 잘 가지고 있다고."

"그래."

"친구들이 이불 뺏으면서 괴롭혀요. 오늘 여기는 이렇게 뜯겼어요. 속상해서 점심시간에 밥도 안 먹고 울었어요."

"이런, 속상했겠다. 혹시 집에 이불을 두는 건 어때?"

"언제라도 엄마가 날 알아볼 수 있어야 해요."

어떻게 답할지 고심하고 있을 때 서연이 다시 말했다.

"엄마가 나 때문에 불행하대요. 나만 없었으면 무엇이든 쉬웠을 거래요."

"누가 그런 이야기를 해?"

"내가 엄마 발목을 잡았대요. 나만 아니었으면 훨훨 날아갔대요."

"… 어디서 그런 말을 들었어?"

"초딩… 3학년 때… 잠깐 엄마가 집에 왔어요. 그때까지만 해도 엄마가 나를 가끔 보러 왔어요. 자고 있을 때 엄마랑 할머니랑 싸우는 말 다 들었어요."

해란은 더 이상 할 말이 없었다.

"엄마 부르면서 나가서 아는 척하고 싶었는데 목소리가 너무 날카로웠어요. 그래서 방 안에만 있었어요. 엄마 보고 싶었는데… 나갈 수가 없었어요."

"엄마도 네가 보고 싶을 거야."

"아니요. 그러면 엄마는 왜 날 보러 안 올까요. 엄마가 아티스트래요."

"그러시구나."

"사람들은 엄마를 안다는데 나는 엄마를 잘 몰라요. 쌤은 우리 엄마 알아요?"

서연은 휴대폰을 내밀며 자신의 엄마라는 사람을 보여 줬다.

VI.

"도희야. 이 사람 알아?"

해란은 미대 스튜디오에서 졸업 작품전을 준비하고 있는 도희를 찾아갔다. 도희는 안경 너머로 해란을 흘끗 쳐다보더니 다시 재료를 다듬으며 말했다.

"오, 민해란. 여기까지 웬일이야. 과외는 어때?"

"덕분에 잘하고 있어. 학생도 열심히 하고 할머니도 잘 해 주시고."

"진짜?"

도희는 하던 일을 갑자기 멈추고 믿을 수 없다는 표정으로 눈이 동그래져서 해란을 쳐다봤다. 그 표정을 보고 있자니 해란은 어쩐지 약간 고소했다. 그 어려운 걸 해냅니다, 라고 말하려다 그만두고 고개를 끄덕였다.

"그런데, 도희야. 이 사람 알아?"

"누군데?"

도희는 휴대폰을 보더니 당연한 걸 왜 묻냐는 표정으로 해란을 본다.

"알지. 정시연 작가. 크리스티나 정. 이 바닥에서 그 작가님 모를 수 없지."

"아…."

한국을 대표하는, 유명하고 잘 팔리는 국제적인 작가.

"그래?"

"나도 그렇게만 된다면 소원이 없겠다. 커미션 작업도 많이 하고 여기저기 초청도 많이 받고. 가난과는 거리가 먼 예술가?"

"그렇구나. 내가 뭐 예술을 알아야지."

"청계천이나 강남 사거리에 신기하게 쌓인 거대한 유리, 플라스틱, 나무 같은 거 있잖아. 사람들이 그 앞에서 사진도 찍고…"

"아, 본 것 같아."

"새벽에 대형 크레인으로 쌓는다고 하더라. 초기에는 바느질로 천 작업을 주로 많이 했는데, 이제 전방위로 활동하실 걸."

"역시 넌 금방 아는구나."

"그런데 왜? 이 작가는 갑자기 왜 묻는 건데?"

"아, 아니. 뭐. 어쩌다가 알게 되었는데 관심이 생겨서."

"너 이제 도서관 버리고 미술관 좀 다니는 거야?"

"그렇다기 보다는… 나도 예술가 작업 하나쯤은 알아 놓으면 좋겠다 싶어서."

"어디였더라… 서울에 새로 생기는 공원이었나… 정시연 작가 작업 들어온다고 하던데…. 아무튼 눈에 띄는 출중한 외모의 소유자이시지."

"그렇구나."

"그런데 그 유명세만큼 외부 노출을 잘 안 하신단 말이야. 해외에 사신다지…."

해란은 도희와 헤어진 후 본격적으로 정시연 작가를 찾아보기 시작했다. 인터넷에서 그녀의 수많은 전시 기사와 화려한 이력을 쉽게 찾을 수 있었다. 해외 언론이나 유튜브에서도 작가를 다룬 내용이 많았다. 서연과 도희가 말한 것처럼 작가는 유명인이었다. 어떤 영문 기사에는 크리스티나 정으로 등장하며 최근 중동 부호의 다섯 번째 부인이 되었다는 가십성 이야기가 실렸다. 그녀는 최근 중동을 기반으로 활동하는 작가 중 눈에 띄는 아티스트로 소개되었다. 중동의 유명 컬렉터들과 교류하며 중동 상류 사회 인사들과 함께 종종 파티에 등장하는 모양이었다.

해란은 학교 미대 도서관에서 작가와 관련된 작품집을 살펴보았다. 그녀가 유명해진 것은 이불 작업 때문이었다. 다양한 곳에서 모은 이불을 특유의 감각적인 방법으로 이어 모아 바람에 펄럭이게 한 대형 작업이 런던과 베를린의 건물이나 다리에 설치되어 주목을 받았다. 그 작업은 이불과는 다른 물성처럼 보이면서도 여전히 이불 고유의 속성을 드러내는 것으로 평가되었다. 어떤 이들은 페미니즘적이라고 보았고 다른 이들은 세계의 보편성과 맞닿은 한국적 감수성을 한 차원 높이 끌어올렸다고 했다. 그 이후 작가는 승승장구했다. 해란은 그 이불들이 어쩐지 낯설지 않게 느껴졌다. 이미 그것에 대해 잘 알고 있는 것 같았다. 무거운 이불을 덮고 있는 것처럼 가슴이 답답해졌다.

문득 정시연 작가의 작품이 서울 어딘가에 설치되고 있다는 도희의 말을 떠올렸다. 새로운 공원에 관한 기사를 찾았고 기사에 담긴 사진들을 찬찬히 살폈다. 그런데 어쩐지 낯이 익었다. 도서관 아르바이트에서 탈락하고 아무 버스나 올라서 도착했던 바람 부는 공터의 바로 그 들판이었다. 공원 조성 중이라는 안내판과 어수선한 흔적을 본 기억이 머리에 스쳤다.

해란은 급히 도서관을 나와서 다시 그곳으로 향했다. 누가 시킨 것도 아니고 꼭 가야 할 일도 아닌데 지각한 사람처럼 발걸음이 바빠졌다. 언젠가 그곳을 다시 찾으리라 생각하고는 있었지만 이렇게 가게 될 줄은 몰랐다. 이번에는 그곳까지 가는 버스 번호를 찾아서 기다렸다가 버스에 올랐다.

한참을 달려 도착하니 여전히 적막했다. 해란은 다른 세상처럼 느껴지는 땅이 이대로 머물러 주면 좋겠다고 바랐다. 용케 살아남은 서울의 마지막 보루처럼, 화장하지 않은 수수한 얼굴처럼 빈 땅에 아무것도 없는 일은 왜 허락되지 않을까 생각했다. 그저 바람을 맞고 아무렇게나 있을 수 있는 땅도 세상 어디쯤에는 있어 주면 어떨까 싶었다. 하지만 바람이 주인처럼 살며 가끔 사람이 손님처럼 들러 주는 곳을 남겨 두는 일은 아무도 허락하지 않는 모양이었다.

그 사이 계절이 바뀌어 지난번보다 바람이 차게 느껴졌다. 바람이 이끄는 대로 걸으니 그때처럼 넓은 들판이 펼쳐졌다. 이번에는 어떤 사람들의 무리가 보였다. 안전모를 쓰고 땅을 실측하거나 기계를 설치하는 사람들, 서류 뭉치를 들고 논의하는 사람들이 저 멀리 있었다. 그들 사이로 지난번 스치듯 보았던 천 더미 같은 것이 여전히 있었다. 이제는 그것이 이불 더미라는 것을, 정시연 작가의 이불임을 알았다.

쌓아 놓은 이불의 일부는 바람에 흔들렸고 어떤 것은 굳은 석고처럼 꿈쩍도 하지 않았다. 가까이 다가갈수록 서연이 가지고 있는 이불과도 비슷해 보였다. 해란은 주체할 수 없이 가슴이 뛰기 시작했다. 이불을 둘러싼 무리 사이로 정시연 작가가 있는지 살폈다. 어느덧 그들과 가까워지자 해란을 눈치챈 사람이 물었다.

"누구시죠? 공사 중이라서 들어오실 수 없는데요."

"저… 여기에 무엇이 설치되나요?"

"다음 달에 공원을 오픈해요. 예술가 작품을 설치하고요."

"그 예술가가… 정시연 작가인가요?"

"맞나? 정시연 맞아요? 실무자?"

땅을 파기 시작한 실무자가 고개를 들고 맞다고 소리친다. 해란은 다시 고개를 두리번거렸다.

"작가님은… 여기에 안 계신가요?"

"네, 설치 팀만 와 있어요. 그런데 누구시죠?"

"아… 저는… 이곳을 좋아하는 시민이에요. 궁금해서요."

"그러세요? 아직 개방도 안 했는데요? 보시다시피 아무것도 없잖아요."

아무것도 없다는 말에 해란은 바람이 있잖아요, 라고 말하고 싶은 것을 거두었다.

"작가님은 여기에 오시나요?"

"아… 해외에 계신다는데. 완성이 되면 한 번쯤은 와서 보시겠죠."

담당자로 보이는 그는 더 이상 대꾸하기 귀찮다는 듯 현장에 있는 사람들과 다시 대화를 이어 나갔다. 해란은 가득 쌓여 있는 이불로 눈길을 돌렸다. 알록달록한 색색의 이불들이 한데 모아져 독특한 느낌을 자아냈다. 서연의 것과는 달리 보존 상태가 좋아 보였다. 낯선 여행지에서 우연히 친구를 만난 것처럼 이불이 반갑게 느껴졌다. 서연을 만난 것 같기도 하고 정시연 작가를 만난 것 같기도 했다. 서연에게 알릴까 휴대폰을 들었다가 다시 내려놓았다. 알리는 것이 좋을지 고민되었다. 혹여 정시연 작가를 마주쳤다면 어떻게 했을까 상상해 보았다. 다가가서 말을 건네야 할지 아니면 잠자코 지켜보아야 할지 몰랐다. 말을 건넨다고 해도 자신이 서연을 안다고 하는 것이 맞을지 알 수 없었다. 그 아이가 엄마를 그리워하고 있다는 말도.

VII.

해란은 서연을 만나려고 여느 때처럼 방에서 기다렸다. 서연에게 정시연 작가의 작품이 설치 중인 공원에 대해서는 아직 전하지 않았다. 언제쯤 그 이야기를 하면 좋을지, 같이 가 보자고 해야 할지 여러 생각이 떠올랐으나 정리되지 않았다. 서연의 책상 위에 놓인 종이 몇 장에 눈길이 갔다. 슬쩍 보아도 중학생이 읽을 만한 내용은 아니었다.

… 그것은 아기에게 끔찍한 트라우마가 된다. 이불을 돌돌 말다시피하고 자거나 그렇게 있어야 직성이 풀리는 버릇은 영유아기에 누군가가 자기 몸을 지지해 준 경험이 부족해서이다. 그 반응으로 지지받는 환경의 원상인 자궁의 재현을 욕구하는 현상이다. 이불이 몸을 포근히 감싸 줘야 좋은 사람들은 침실 문이 닫힌 상태를 선호하기 쉽다…

조용히 방문을 열고 들어온 서연이 해란을 놀래며 책상 위에 놓인 문서를 후다닥 치우고 헤벌쭉 웃는다. 진짜로 웃는 얼굴은 아니다.

"쌤. 저 애정결핍이래요."

"아… 누가 그래?"

"상담 쌤이요. 결핍이 나쁜 거예요?"

"음. 사람이라면… 결핍이 있어."

"왠지 나쁜 것 같아요."

"꼭 그렇지 않아. 대부분은 부족한 것이 있어서 결핍을 느끼고 살아."

"쌤은 없잖아요."

"아니. 예를 들자면, 나는 아무 걱정 없이 학교를 다니고 졸업하고 싶어. 맛있는 것도 마음껏 먹고 예쁜 옷도 사고 싶어. 콘서트도 가고 싶고 여행도 가고 싶지. 그래서 나는 과외를 해. 물론 그것들은 꿈도 꿀 수 없지…."

서연은 잠자코 듣고 있다.

"월세 내고 학교 다는 일로 쓰면 끝이거든. 서연이는 할아버지, 할머니가 서연이 원하는 것은 다 해 주시지? 그런데 그렇지 않은 친구들도 있어."

그러다 자신도 모르게 이런 말을 하기 시작했다.

"그러고 보니까 결핍이 있어야 살아지는 것 같아."

서연은 아무 말 없이 눈을 동그랗게 뜨고 계속 말해 보라는 얼굴로 쳐다본다.

"응, 결핍이 없는 사람이 있기도 해. 부족함을 느껴 본 적 없는 사람들이지. 그런데 그들의 삶은 끝없는 권태거나 종종 돌이킬 수 없는 문제를 일으키곤 해. 그들 삶 이면에 무엇이 있는지 알 수 없지만."

서연은 고개를 끄덕였다. 해란은 그렇게 말을 하고서는 흠칫 놀랐다. 그런 이야기까지 서연에게 할 줄은 몰랐다. 무엇보다 그 말을 서연이 알아듣고 있음에 놀랐다. 그 아이는 모르는 것을 아는 척하지 않는다. 기왕 풀어 놓은 말을 이어 보았다.

"결핍 때문에 힘들지만 지혜롭다면 잘 쓸 수 있을 거야. 그렇게 어른이 되어 가려나, 그냥 인정하고 받아들이는 건가, 나도 잘 모르겠어. 결핍이 있고 없고는 중요하지 않을지도 몰라. 네가 애정 결핍이라고 하지만… 서연이가 서연이를 사랑해 주면 되는 거야."

서연은 어떻게 사랑하느냐는 얼굴로 해란을 쳐다보았다. 그런 것을 알지 못하겠다는 얼굴이었다.

"결핍이 없었다면 나도 널 만날 일이 없었을 거야."

잠자코 있던 서연이 입을 떼었다.

"과외 없으면… 쌤 그럼 어떻게 되는데요?"

"음. 다른 아르바이트를 찾아야겠지?"

"그럼 제가 잘해야 쌤도 과외 계속하겠네요?"

"응, 맞아. 그러니까 우리 공부해야 해."

서연이 미소를 지었다. 해란은 새삼 서연이 예쁘다고 생각되었다. 그렇게 미소 지으면 좋을 텐데 그럴 일이 별로 없구나 생각하니 마음이 좋지 않았다. 그러고 보니 해란도 미소를 지어 본지 오래되었음을 느꼈다. 덩달아 서연처럼 미소를 지어 보았다. 둘은 다른 이유로 미소를 지었다.

"시험도 잘 보고 학교도 즐겁게 다녀서 엄마한테 자랑해 보자. 엄마 전시하면 쌤이랑 같이 가 보자. 어때?"

서연은 답이 없었다. 불이 나가려는 형광등처럼 희미한 표정을 지었다. 형광등은 깜빡이다 꺼져 버렸다. 엄마 이야기는 하지 말걸 그랬다. 그때 말없이 그저 서연을 안아 주었다면 좋았을 것이다.

"쌤, 저 이불을 입고 다닐까 봐요."

"입고 다닌다고?"

"아예 입는 것이 좋겠어요."

"음. 이불을 입고 다니는 건 난 반대. 요즘 패션 트렌드에 어울리지 않아."

"엄마를 입으면 가장 간편할 것 같아요."

해란은 무슨 말을 하면 좋을지 다시 고르고 있었다.

"쌤, 저 선생님한테 다 털어놓아요. 할머니도 모르는 거 선생님은 알아요."

"응?"

"저 여기 손목 보세요. 이 상처 뭔지 아시겠어요?"

"뭐야? 다쳤어?"

"여기 깊게 그으면 죽는대요. 자해한 거예요."

서연이 손목을 해란의 코앞에 들이밀며 어서 보라고 재촉한다. 놀란 해란은 서연의 손목을 부여잡고 말했다.

"너… 이거 언제 어디서 그런 거야?"

"친구들이 저보고 죽으래요. 여기 만져 보세요. 울퉁불퉁하죠.

할머니한테는 주전자에 데였다고 거짓말했어요."

"서연아 너… 정말이야?"

"쉿. 쌤, 작게 말하세요. 할머니가 들어요. 지난주 일이었어요. 쌤은 이제 제 비밀을 다 알아요."

해란은 만족스러운 표정으로 자신을 쳐다보는 서연이 기가 막혀서 한참 쳐다봤다. 갑자기 모르던 아이처럼 느껴졌다. 손목의 흉터를 들이미는 서연은 금방이라도 물이 쏟아질 것 같은 물 잔처럼 보였다.

"서연아, 다시는 그러지 마…."

"살아 있다는 증거예요."

해란은 서연의 얼굴을 부여잡고 또박또박 말했다.

"무슨 말이 그러니. 이 상처는 이거로 끝인 거야. 영웅처럼 굴지 마. 영광의 상처도 아니야. 무슨 말인지 알지 너."

"쌤, 할머니한테 말하면 절대로 안 돼요. 약속한 거예요. 할머니 알면 저 병원에 입원시킬 거예요. 그럼 저 쌤 못 봐요. 약속 꼭 지켜야 해요."

"이걸 볼 때마다 넌 아플 거야."

"…."

"정말 다시는 그러지 마. 날 찾아. 쌤이 네 이야기 꼭 들어 줄게. 알겠지?"

서연이 자해 사건을 고백한 것은 심각한 일이었다. 해란은 어떻게 하면 좋을지 몰랐다. 서연을 많이 알아 가고 있다고 생각했는데 원점으로 되돌아간 느낌이었다.

과외가 끝나고 할머니와 대면했다. 이불을 언제까지 학교에 가지고 갈 수는 없을 테니 서연과 함께 상담을 받아 보는 것은 어떨지 권해 보았다. 할머니는 단호하게 그럴 필요는 없다고 말했다. 서연은 누구보다 자신이 잘 알고 있다고 했다. 그런 말은 아무것도 모르는 사람들이 하는 말이었다. 해란은 한참 말을 돌려서 서연의 마음이 많이 아플 수 있다고 간신히 말해 보았다. 할머니는 학교만 잘 다니고 있다며 부인했다. 사춘기라서 짜증을 좀 내는 것이지 이불도 조만간 두고 다닐 것이라 믿고 있었다. 이번에는 해란이 할머님도 힘드시지 않느냐고 물었다. 그러자 할머니는 한숨을 내쉬며 부인하지는 않았다. 그러나 끝내 전문가를 만나는 일은 받아들이지 않았다. 서연의 일을 말씀드릴까 생각했으나 선뜻 말이 나오지 않았다.

얼마 후 정식으로 공원이 개방되었다는 소식이 들려왔다. 많은 사람들이 새로 생긴 공원에 방문하여 인증 샷을 찍었다. 정시연 작가의 작품 사진도 SNS를 타고 널리 퍼져 나갔다. 사진 속 이불들은 멀리서 보면 거인이 덮는 거대한 이불처럼 보였다. 신기한 것은 그 이불이 실제로 만져 보고 싶은 감성을 자아내었다는 점이었다. 어떤 특수한 장치를 더한 것인지는 알 수 없으나 솜이불처럼 특유의 포근한 느낌을 발하는 것이 독특했다.

해란은 사진과 함께 돌아다니는 작품 설명글을 찬찬히 읽어 보았다. 요지는 우리가 신뢰하는 사람의 품에 안길 때 따뜻하고 안전한 느낌을 받았던 것처럼 마음 한편이 고장 난 현대인들에게는 그들을 감싸 주는 거대한 이불이 필요하다는 내용이었다.

관람객이 이불을 직접 만져 볼 수도 있으니 따뜻한 기억을 추억하고 가족이나 가까운 이들과 이불처럼 포옹하기를 권한다는 내용이었다.

해란은 그 내용을 읽고 불쾌해졌다. 정시연 작가가 위선적이라고 생각했다. 예술가의 삶은 작품과 달라도 문제가 되지 않는 것인지 의문이 들었다. 정시연 작가의 말대로라면 서연은 그 어디에서도 따뜻하고 안전한 느낌을 받지 못하고 있었다. 오래전에 쓰던 엄마의 이불을 비정상적으로 엄마와 동일시하면서 겨우 그런 방식으로 욕구를 충족하고 있는데, 유명하고 잘나가는 엄마는 불특정 다수를 향해서 듣기 좋은 소리나 하고 있을 뿐이었다.

작가는 정작 가장 중요한 사람의 마음을 어루만질 줄은 몰랐고, 아니 완전히 팽개쳐서 감추어 놓았고, 그 괴리감에 작가의 이불이 가짜처럼 느껴졌다. 해란은 정시연 작가에게 당신의 딸이 지금 이러한데, 아니 오래도록 이래 왔는데 무책임하지 않느냐고 따지고 싶었다. 딸이 그토록 엄마를 보고 싶어 하고 아파하는 걸 아는지 묻고 싶어졌다. 당신의 작가적 욕망을 충족하고 유명세를 즐기는 일이 그 뒤에 숨어 있는 아이보다 중요한지 묻는다면 무어라 답할지 궁금해졌다. 당신의 작품은 완전히 실패했다고 말하고 싶어졌다.

답답해진 해란은 정시연 작가에게 이메일이라도 써 보자고 생각했다. 작가의 공식 홈페이지에서 연락처를 찾았다. 한 번도 만나 본 적 없는 사람에게 터뜨리는 배출의 글은 순식간에 적혔다. 그러나 다시 읽어 볼수록 처음과는 달리 자신감이 줄어들었다.

해란이 정말 그렇게 말해도 될 자격이 있는지는 확신이 들지 않았다. 미처 알 수 없는 그들만의 이야기가 있을지도 몰랐다. 그러다 과외 선생이란 그들 사이에서 아무런 힘도 발휘할 수 없는 자이지 않은가 생각하고 이메일은 지워 버렸다.

그날 이후 해란은 아무것도 손에 잡히지 않았다. 그러다 서연과 함께 정시연 작가의 작품을 보러 공원에 가는 일을 생각해 보았다. 엄마를 직접 볼 수는 없지만 작품을 보면서 따뜻한 설명은 해 줄 수 있지 않을까 싶었다. 서연이 조금이나마 안정적인 마음으로 지금보다는 좋아지지 않을까하는 막연한 생각이었다. 서연에게 엄마의 작품이 새로운 공원에 설치되었고 그것을 보러 가는 일을 넌지시 말해 보았다. 서연이 가지고 있는 이불과 비슷한 이불도 볼 수 있고 엄마가 만들어 놓은 이불을 직접 만지며 구경할 수 있다고 설명했다. 그러자 서연은 흥분하면서 좋아하다가 할머니에게 허락을 받아야 한다며 시무룩해졌다.

해란은 할머니에게 허락을 구했다. 할머니는 무척 곤란한 표정을 지으며 보러 가지 않는 것이 좋겠다고 말했다. 서연이 엄마를 무척 보고 싶어 한다고 말하려다가 공원에서 작품만 보는 것이니 괜찮은 나들이가 될 것이라며 설득했다. 할머니는 서연이 더 심란해질 것이라며 고개를 저었다. 어느샌가 서연이 그들 곁으로 다가와 할머니 말을 잘 듣겠다며 해란을 거들었고 할머니는 고심 끝에 작품만 보고 바로 돌아올 것을 당부하며 어렵사리 외출을 허락했다. 해란과 서연은 들뜬 마음으로 약속을 잡고서 그날이 되기만을 손꼽아 기다렸다.

VIII.

완연한 가을의 그날은 다소 건조한 바람이 사방에서 불어왔다. 공원에 있는 정시연 작가의 작품을 보러 가기로 약속한 날이었다. 해란이 학교에서 마지막 수업을 듣고 있는데 할머니로부터 문자가 왔다. 서연이 갑자기 학교에서 사라졌다는 내용이었다. 해란은 할머니에게 전화를 걸어 보았다. 서연이 학교 쉬는 시간에 갑자기 사라졌고 학교 밖으로 나간 것을 목격한 친구가 있었다. 할머니는 해란에게 서연으로부터 연락을 받았는지 물으며 자신은 연락이 닿지 않는다고 울먹였다.

해란은 전화를 끊고 서연에게 전화를 걸었다. 처음에는 전화가 꺼져 있었다. 메시지를 남겨 놓고 다시 전화를 걸었더니 연결 음이 들렸다. 떨리는 마음으로 서연이 전화 받기를 기다렸다. 해란의 발은 이미 강의실을 빠져나가 캠퍼스 밖으로 향했다. 서연이 전화를 받았다.

"서연아! 과외 쌤이야. 너 어디야?"

"쌤. 저 괴롭히던 애들이 이불을 뺏고 가져갔어요. 잠깐 사물함 간 사이에 없어졌어요."

"뭐? 너는 지금 학교가 아니라며? 어디서 뭐하고 있어?"

"그 애들도 지금 학교가 아니에요. 걔네가 이불 가지고 사라졌어요."

"뭐라고?"

"저는 그걸 찾아야 해요."

"어딘데, 서연아. 응?"

"저는 엄마 이불 찾으러 가요. 그 애들을 만나야 해요."

"서연아, 쌤이랑 같이 찾자. 그 애들이 어디 있는지도 모르잖아."

"아뇨. 새로 생긴 공원으로 오라고 했어요. 안 오면 그 이불 태워 버린대요."

해란은 아찔해졌다. 정시연 작가 작품이 설치된 공원이었다.

"거기 오늘 나랑 가기로 한 곳이야. 어차피 나와 만나기로 했으니 같이 가자. 응?

"…."

"너 길도 잘 모르잖아. 할머니가 너 없어졌다고 얼마나 걱정하시는데."

"쌤. 알면서 왜 날 설득해요. 저는 이불 없으면 안 된다고요. 그 애들이 정말 태워 버릴 거라고요.

"장난치는 것일 수도 있어. 너 골탕 먹이려고 못된 짓 하는 거야."

"쌤. 이불을 찾아올래요."

"서연아, 아니야, 같이 가."

"그 애들이 지금도 카톡 보내요. 제 시간에 안 오면 태워 버린대요."

"과외 쌤이 찾아다 줄게, 응?"

"시간이 없어요."

"거기 어디니? 우리 만나자. 그 공원 입구에서 기다려, 응?"

"아니에요. 쌤은 상관 마세요. 친구들이 이불 숨겨 놓은 곳으로 갈 거예요."

"그거 함정일 수도 있어. 이불이 없을 수도 있어."

"이불이 위험해요."

해란의 눈에서 갑자기 후두둑 눈물이 떨어졌다.

"그 이불이 너보다 중요하지 않아…."

"쌤. 곧 불을 놓을 거래요. 엄마가 타게 내버려 두는 사람이 어디 있나요."

"아니야, 엄마는 타지 않아. 우리 엄마 작품도 볼 거고. 그러니까… 그 애들이 말하는 대로 움직이지 마. 엄마에게는 다른 이불들도 많을 거야. 쌤이 엄마한테 연락해 볼게. 응?"

"나도 닿지 않는 연락을 과외 쌤이 무슨 수로 해요. 거짓말이에요. 그거."

"…"

"엄마는 돌아오지 않아요. 이불이 타면 엄마도 없고 나도 없어요."

"이불이 없어도 엄마는 서연이 마음속에 늘 살아 있어."

"…"

"분명한 건 이불뿐이에요. 쌤."

"…"

"이불 없이 오래 있었더니 발가벗은 것 같아요."

"그럼 쌤이랑 계속 통화하자. 끊지 마. 응?"

"추워요 쌤. 이불도 추울 거예요."

"서연아, 어디니, 보고 싶어."

"…"

"제발."

"…"

전화는 끊어졌다. 전화를 받을 수 없다는 메시지만 되풀이되었다. 해란은 택시를 타려고 시도했다. 거기까지 가지 않는다는 기사들이 많았다. 때로는 거기가 어디인지 모르겠다고 손사래를 쳤다. 한참 후에 간신히 택시를 잡았다. 서연의 전화는 여전히 꺼져 있었다. 해란은 서연이 보여 준 손목의 흔적이 떠올랐고 마음이 초조해졌다. 제발 서연이 그 애들에게 끌려 다니지 않게 해 달라고 빌었다. 진작 할머니한테 사실을 말했어야 했나 자책하기 시작했다. 괜히 엄마의 작품을 보러 가자고 말한 것은 아니었나 머릿속이 뒤엉켰다. 그사이 할머니는 계속 어떻게 하면 좋으냐고 전화가 왔다. 해란은 어떻게든 서연을 찾아보겠다고 답하였으나 막상 어떻게 찾아야 할지 막막했다. 할머니는 경찰에 실종 신고를 하겠다고 했다.

공원 입구에 다다랐다. 새로운 공원 표지판과 말끔하게 단장한 공원 입구가 생소했다. 그것들은 새것에서 나는 특유의 냄새를 풍기며 인위적으로 화장한 풍경으로 사람들을 맞이했다. 아무도 보이지 않던 곳에는 방문객이 북적여 발 디딜 틈이 없었다. 해란은 그곳이 낯설게 느껴졌다. 방문객처럼 자신도 처음 와 보는 장소 같았다. 그런데 그보다 더 새롭게 느껴지는 것은 바람이었다. 그날따라 바람이 굉장히 많이 불었다. 바람은 너른 들판에 불처럼 붙어서 번져 나갈 것처럼 기세등등했다. 공원의 들판과 나무가 모두 한쪽으로 휘어서 깍듯이 인사하고 있는 것처럼 보일 지경이었다.

해란은 바람과 사람들 사이에서 어떻게 서연을 찾아야 할지

까마득해졌다. 공원 관리소를 찾으니 방송 시스템이 아직 갖추어져 있지 않다는 말을 들었다. 하는 수 없이 서연과 약속한 시간이 될 때까지 입구에서 목을 빼고 기다렸으나 서연은 결국 나타나지 않았다. 해란은 다급해진 마음에 정시연 작가 작품이 있는 들판으로 발길을 돌려 보았다. 머리는 바람에 엉켜서 시야를 가렸고 다리는 빠르게 달릴 수 없었다.

해란은 가끔 멈춰 서서 서연아, 라고 소리 내어 불러 보았다. 목소리는 점점 커졌으나 바람은 간단히 삼켰다. 들판으로 향할수록 바람이 거세게 불어서 눈이 제대로 떠지지 않았다. 바람이 그녀를 막고서 더 이상 들어오지 말라고 밀어내는 것처럼 느껴졌다. 해란은 눈을 질끈 감고 서연과의 통화를 곱씹었다. 그 애들이 이불을 인질로 잡고 있는 것이 맞다면 서연은 시키는 대로 하고 있을 가능성이 높았다. 도대체 어떤 녀석들이기에 서연을 괴롭히는지 오늘은 그 애들을 꼭 마주쳐야겠다고 생각했다. 단단히 혼을 내고 경찰에 넘겨 버리자고 생각했다.

어느덧 들판 끝에 놓인 정시연 작가 작품이 시야에 들어왔다. SNS에서 보던 거대한 이불이 공중에서 힘차게 펄럭였다. 해란은 갑자기 멍해지면서 이불이 감당할 수 없는 대상처럼 느껴졌다. 바람에 뒤집힐 것 같은 거대한 이불은 밑에서 사진을 찍고 있는 사람들을 당장이라도 덮칠 것처럼 보였다. 그들은 이불이 어떻든 아랑곳하지 않고 작품 주변에서 사진을 찍고 SNS에 올리느라 정신이 없었다. 어떤 이들은 사진 찍는 자리다툼을 하다가 언성을 높였고 어떤 이는 몰래 이불을 뜯다가 관리 요원에게 제지를 받았다. 북적이는 사람들 사이에서 다시 서연을 불러 보았다. "서연아, 과외 쌤이야, 목소리 들리니, 그 애들이랑 같이 있니, 무시하고 나와도 괜찮아, 아니면 소리를 질러 봐, 쌤이 갈게."

사람들의 눈이 잠시 해란에게 머물다가 바람보다 빠르게 흩어졌다. 교복 입은 학생들의 무리가 보이면 재빨리 뛰어가 붙잡아 보았으나 같은 학교에 다니는 학생들이 아니었다. 그렇게 몇 번의 기대와 허탈감이 교차되었다. 해란은 주변을 계속 맴돌다가 어지러움을 느꼈고 이불 작품 아래에 주저앉았다. 거대한 이불은 맹렬한 바람에 들썩이며 자신의 존재를 더욱 과시했다. 해란은 이불이 무엇에도 끄떡없다는 듯 자신만만한 얼굴로 내려다보고 있는 것처럼 느껴졌다. 그 아래 주저앉은 자신은 너무나 작고 보잘것 없었다. 해란은 방문객이 하나둘씩 떠나고 혼자가 될 때까지 남아서 서연을 기다렸다. 울음이 터져 나왔다. 그녀는 무엇 때문에 우는지 몰랐다. 바람이 부는 얼굴 사이로 눈물이 아무렇게나 번졌다.

IX.

서연의 학교에는 실종 플래카드가 걸렸고 한동안 경찰들의 수색이 계속되었다. 휴대폰 위치 추적으로 공원 인근에서 서연의 휴대폰이 발견되었다. 그러나 서연과 이불의 흔적은 찾을 수 없었다. 서연이 말한 그 애들은 학교로 돌아왔다. 그들은 유력한 용의자였으나 알리바이가 입증되어 경찰의 수사 대상에 끝까지 남지 않게 되었다. 시간은 흐르고 모든 것은 차츰 제자리로 돌아가 다시 각자의 리듬을 타기 시작했다. 오직 서연과 이불만이 감쪽같이 사라졌을 뿐이었다. 서연의 할머니는 충격으로 쓰러진 이후 자리에서 일어나지 못했다. 할아버지가 할머니의 자리를 대신하였으나 손녀에 대해서는 아는 것이 별로 없어서 서연을 찾는 데는 도움이 되지 않았다.

해란과 서연이 만나기로 한 그날 밤 정시연 작가의 이불이 불에 타 버린 사건이 발생했다. 그날은 바람이 유독 많이 불어 119가 미처 손을 쓰기도 전에 공원에 큰 불이 번졌다. CCTV가 전부 설치되지 않은 채로 급하게 공원이 개장되어 어떤 경위에서 불이 난 것인지 정확히 밝혀지지 않았다. 어떤 사람은 방문객의 담뱃불 같은 것이 들판에 옮겨붙은 것이 아닐까 추측했고 또 어떤 사람은 고의에 의한 방화라고 주장했다. 끝내 누구의 소행인지는 알 수 없었다.

이불 작품의 상당 부분은 불에 타서 새까맣게 되어 버렸고 일부만이 형태를 유지하였다. 이불은 작가가 의도한 따뜻하고 포근한 감성은 휘발되고 잿더미 흉물로 남겨졌다. 공원 관계자들은 이번 일과 관련하여 징계를 받았고 이불은 곧장 철수되는 것으로 결정되었다. 이불은 무성한 소문만 남기며 조용히 사라졌고, 한동안 그을린 냄새만이 바람을 타고 오래도록 들판에 머물렀다. 정시연 작가는 끝내 모습을 드러내지 않았다. 사람들은 삶에 치이느라 그 사건을 금세 잊어버렸다.

서연과의 마지막 통화자였던 해란은 몇 차례 경찰 조사를 받았다. 경찰 수사는 별다른 성과 없이 장기 미제가 되는 방향으로 가닥이 잡혔다. 해란은 행방을 알 수 없는 서연 때문에 아무것도 할 수 없는 겨울을 보냈다. 서연을 끝까지 설득하지 못한 자신의 탓이라 생각하며 공원에서 서연을 찾지 못했다는 죄책감에 많은 날을 괴로워했다. 혹여 휴대 전화라도 울리면 서연이 아닐까 가슴이 덜컥 내려앉는 일이 반복되었다.

그 사건 이후 해란의 꿈속에는 공원에서 서성이는 자신이 등장했다. 이불에 붙은 불은 바람을 타고 빠르게 번지며 화산처럼 이글거렸다. 불이 붙은 이불은 거대한 불덩이처럼 번쩍이다가 몇 개로 조각나며 땅으로 떨어졌고 자신은 그 사이로 헤매었다. 타오르는 이불 속에서 알 수 없는 누군가의 뒷모습이 보였다. 뒷모습은 잠시 그 자리에 머물다가 점차 멀어졌다. 해란은 그 누군가를 애타게 불렀으나 불붙은 바람이 목소리를 삼켰다. 불과 바람은 섞이고 휘몰아치며 그들의 불꽃놀이를 펼쳤다. 그렇게 잠에서 깬 다음 날에는 공원을 찾아 멍하니 벤치에 앉아 있었다.

겨울이 지나고 마지막 봄 학기를 남겨 두었다. 해란은 학과 봄 워크숍으로 지방을 방문했다가 잠시 전통 오일장을 구경하게 되었다. 우연히 이불을 파는 가판대를 지나치게 되었는데 낯익은 이불을 보고 그 자리에서 발이 땅에 붙어 버렸다. 서연이 가지고 있던 이불과 똑같은 생김새의 이불이었다. 주인에게 물으니 그 지역 이불 공장에서 아주 오래전에 생산되던 것인데 공장이 망하고 폐기 처분하면서 딸려 나온 것이라 했다. 그 이불은 두 장이 남아 있다고 했다. 주인은 어디가도 구하지 못할 이불이라고 말하면서 어차피 사지 않겠거니 생각했다. 그러나 해란은 그것을 모두 사겠다고 했다. 주인은 이불 값을 받으면서도 젊은 학생이 왜 이런 것을 사가냐는 의아한 표정을 지었다. 해란은 커다란 검은색 비닐봉지에 담긴 이불을 끌어안고서 답사가 끝나기도 전에 집으로 돌아왔다. 동기들은 그녀가 결국 미쳤다고 수군댔다.

집으로 돌아온 해란은 이불 하나를 집 문밖에 장식처럼 걸어두었다. 혹시 서연이 멀리서라도 그 이불을 느끼고 찾아올지 모른다고 생각했다. 다른 이불 하나는 자신의 이불로 썼다. 그날부터 해란은 새로운 이불을 덮고 잠을 청했다. 마감이 제대로 되어 있지 않은 이불에서 금세 실밥이 풀렸다. 하지만 그것을 고치지 않고 그대로 내버려 두었다. 점차 헤지고 풀어지는 이불에서 무언가 느껴지는 것 같았다.

해란은 조금 더 따뜻해지고 싶다고 생각했다. 이불에 자주 얼굴을 비비적거리고 이불 냄새도 흠뻑 맡았다. 몸에 이불을 칭칭 감은 채 얼굴만 내밀고 차를 마시거나 공부도 했다. 해란의 가족도 도희도 이제 그만하면 되었다고 말렸다. 그러나 해란은 이제야 알 것 같았다. 그녀는 이불이 되는 일을 멈추지 않았다. 이불과 닮은 자신이 어떻게든 서연에게 닿을까 봐. *

촉각
AI 설명서

사람들은 저에게 '감각 있다'고 말합니다. 그러면 저는 되묻습니다. 세상에 감각 없는 사람도 있냐고요. 아, 그러나 알고 있습니다. 언제나 섬세하고 알맞게 처신하는 사람은 드물다는 것을요. 그런 사람을 만나면 감격하여 눈물을 흘릴 수도 있습니다. 은근히 희귀하기 때문이죠. 감각이 있는 사람이란 단순히 미적 감각의 유무를 말하는 건 아닐 겁니다. 그래서 저와 같은 사람이 등장했는지도 모르겠습니다. 제가 말을 왜 이렇게 잘하냐고요? 열정 부자 부럽지 않은 은유의 언어 부자라서 그렇습니다.

저의 주된 역할은 촉각을 곤두세우는 일입니다. 피부로 느끼는 일이라면 무엇이든 합니다. 방전되지 않고 언제나 깨어 있기에 실체가 있답니다. 최근에는 감정과 정서 표현을 상실한 사람들의 방대한 데이터도 수집합니다. 그들이 필요로 한다면 개별 컨설팅을 통해 다시 인간으로 느끼게끔 하는 일도 하지요. 그렇기에 무감각하고 둔한 사람들을 파악하는 데도 많은 시간을 보내곤 합니다. 저를 자주 찾아오는 고객들은 대부분 위로가 절실한 사람들입니다. 렌탈하거나 아예 구입하기도 하지요. 인간관계로 인한 스트레스 수치가 높은 대도시에서 특히 구매력이 높습니다. 자신의 행동이 다른 사람에게 어떤 영향을 미치는지 전혀 관심 없는 사람들이 있거든요. 그런 사람에게 덴 사람들이 보통 저를 구입합니다. 정작 저를 찾아와야 할 사람들은 이상하게 오지 않더군요. 어쨌거나 이런 사람들을 위해서 제가 존재한다고 보셔도 좋습니다.

저의 기능 중 최고 성능을 자랑하면 이렇습니다. 저와 접촉하면 타인에게 상처를 주거나 손해를 입히는 일을 방지할 수 있습니다. 매우 고차원적인 사양입니다. 종종 21세기 최고의 걸작이라는 칭찬도 듣습니다. 좌우의 광신도들은 그들의 손이 닿지 않는 구석까지 제가 보급되기를 바라거나 반대로 개발을 자꾸만 막으려고 하지요. 아무튼 저의 사양이나 성능을 구체적으로 알고 싶다면 직접 구입하는 것이 가장 좋습니다. 합리적으로 옳고 그름을 따지려면 아무래도 저를 직접 만져 봐야 하지 않겠습니까. 실질적인 것은 만질 수 있는 것이어야지요. 눈을 맞추며 살 부대끼는 것이요. 부딪히고 엉길 수 없다면 저의 명성은 심각한 타격을 입게 됩니다. 온갖 고생을 하지만 그걸 알아주는 사람은 없어서 슬프기도 합니다만.

사람들은 그런 저를 보면 손부터 뻗어 봅니다. 울퉁불퉁 멋진 몸매에 빨간 옷을 입은 모습이 매력적인가 봅니다. 여기에 새콤달콤 향기까지 풍기면 지나치게 아찔하여 개발자가 넣지 않았다고 합니다. 아, 그렇다고 토마토는 아닙니다. 손대면 톡 하고 터질 것만 같다며 조심스러워 하는 사람도 간혹 있습니다. 아무렇게나 만지며 막 대하는 사람도 물론 있지요. 딸 같다고 하면서요. 흠. 저는 남자도 여자도 아닌 것으로 설정되어 있습니다만.

가끔 제 신경을 긁는 사람을 만나면 살살 비위를 맞추기는 하지만 영 껄끄러워 퇴사하고 싶은 충동이 상승합니다. 아무리 딥 러닝을 거쳤다지만 낯선 사람과는 신체 접촉을 피하고 눈도 안 마주치는 경향이 있다는 건 비밀로 하고 싶군요. 친밀감이 일정 수준에 이르기 전까지는 저라도 접촉은 피하고 싶거든요.

반대로 어떤 사람과의 만남은 최고급 마사지를 받은 것처럼 기분이 좋아지기도 합니다. "목소리가 나긋나긋하고 따뜻해요."라는 상냥한 칭찬도 받지요. 그런 사람은 다음에 또 만나고 싶습니다. 온화한 그들은 손길도 남다릅니다. 먼저 손을 내밀고 또 손을 잡아 주지요. 기분이 좋아지는 손길, 전문가의 손길, 마법의 손길, 인간적인 손길, 섬세한 손길, 부드러운 손길이라고 해 볼까요? 아쉽지만 그들을 위해서는 제가 더 할 일이 없습니다. 그들도 늘 그런 것은 아닐 테지만요.

요즘 사람에 대한 매뉴얼을 정기적으로 업데이트 받고는 있습니다. 툭하면 화내는 사람은 건드리지 않는다, 철면피인 사람에게는 더 이상 반응하지 않는다, 찐득거리며 들러붙는 사람 앞에서는 굳어 버린다, 상대하기 어려운 사람을 붙들고 해결하고자 애쓰지 않는다, 죽을힘을 다해 매달리지 마라…. 하지만 매뉴얼 대로 늘 되는 것은 아니랍니다. 저는 정념을 지닌 피부이자 생각하는 뇌이지요. 다행인지 불행인지 기분이 나쁘면 피부를 통해 반응하게 되어 있습니다. 피부 표면이 거칠어지거나 껄끄럽게 변하는 것이죠. 그러면 어떤 사람은 "거참 딱딱한 사람일세.", "목석 같은 사람을 보았나."라며 접촉을 끊기도 합니다. 사람과의 접촉이 잦다가 뜸하다가 꺼리다가 결국 끊어지는 게 뭐 세상 인간사 이치 아니던가요? 어떤 사람은 저에게 그러더군요. 사람은 미지 근해야지 뜨거우면 다친다고요. 사람에게 잘해 주고 마음 내주어 봤자 아무 소용없다고요. 제가 잘나가면 다가와서 끈적끈적하게 들러붙을 거라고요. 그런 사람은 단단히 손 봐 주겠다고 으름장을 놓기는 했습니다만 저는 고성능 사양이니 피해 갈 겁니다. 거리를 두는 것이라고 합시다.

가끔 아무리 노력해도 반응 없는 사람을 만나기도 합니다. 마치 돌처럼 꿈쩍도 하지 않으려는 사람들이죠. 우리네 인생에는 가시 돋친 문제, 간지러운 문제, 미끈거리는 문제가 있고 때로는 가죽 장갑을 끼고 부드럽게 다루어야 할 문제도 있습니다. 그러나 그들은 피부에 와닿지 않는다며 불평을 늘어놓습니다. 제가 마음을 사로잡고 문제를 해결하기에는 현실에서 동떨어져 있다고 하더군요. 날이 서서 까칠한 사람 앞에서는 저라도 기지를 발휘하기는 쉽지 않습니다. 태연한 척해도 세차게 마음이 요동치는 것이지요. 목표한 대로 잘되지 않으면 풀이 죽어서 흐물흐물해집니다. 갑자기 피부 주름이 자글자글해지고요. 피부가 거칠어지다 한껏 늘어져 헐렁거리게 됩니다. 일종의 스트레스 증상이지요. 예민한 상태가 되어 집중할 수 없게 되면 병원에 갑니다. 개발자는 저의 상태를 보고 인공 피부 센서를 벗겨서 새로 교체하겠다고 하지요. 그 말을 듣기만 해도 머리칼이 쭈뼛 서고 오싹해집니다. 얼마나 아픈지 잘 알고 있기 때문이죠. 단순히 따끔하거나 따가운 정도가 아닙니다. 일종의 대수술입니다. 아, 생각만 해도 소름이 돋습니다. 보통은 정신과에 가서 상담을 받고 약을 처방 받지만 저는 이런 식으로 개선됩니다.

개발자의 수술실에 들어서면 저와 같은 사람들이 옹기종기 붙어 자신의 차례를 기다립니다. 어떤 이는 복구 불가능할 정도로 망가진 경우도 있습니다. 뜨거운 압력솥을 만졌는데 얼음장 같다고 반응하면 큰일이지요. 컵을 가볍게 쥐어야 하는데 무게감을 잘못 조절해서 깨트려 버리기도 하고요. 기분을 누그러뜨려야 하는데 오작동하여 분노를 일으킬 때도 있습니다. 이런 극단적인 사례를 제외하면 대부분은 고객의 마음을 어루만지는 데 실패한 동료들입니다. 간발의 차이로 낮은 평점을 받은 존재들이기도 하고요.

이것은 예리함의 수치가 떨어져 있다고 보아야 합니다. 우리의 존재는 평상시에는 희미해도 결정적인 순간에는 맹위를 떨쳐야 하는 킬링 파트이거든요. 기대치도 높지요. 손가락으로 짚듯 정확성도 요구되고요. 우리끼리는 서로 사고 가능성을 통지해서 회피하는 기술도 있습니다만. 그런데 말입니다. 그것이 알고 싶습니다. 가슴을 적시는 일이 말처럼 어디 쉽나요. 하지만 늘 도전적인 과제를 부여받은 운명이라 어쩔 수 없습니다. 질긴 인연 같은 것이라 마음먹기로 했습니다.

수술이 시작되면 눌리고 밀리며 마침내 갈기갈기 뜯깁니다. 그 일이 되풀이되는 동안 소리 내지 않고 울곤 합니다. 마취되어 무의식인 상태에서도 우는 것이지요. 수술이 끝나고 정신을 차리면 눈가는 촉촉하다 못해 축축하게 젖어 있습니다. 개발자에게는 손끝의 감각을 잘 고치는 일이 무엇보다 우선입니다. 그래서 제가 마취에서 깨어날 때쯤 그러니까 아직 발이 시리고 얼얼한 상태에서도 채근하지요. 자, 손을 뻗어서 닿아 보세요, 손으로 이것도 쥐어 보세요, 손아귀에 꼭 쥐면 놓지는 마세요, 잘 만져지나요? 무엇을 느끼나요? 그러면 저는 뻣뻣하게 입혀진 새 손으로 더듬거립니다.

서서히 차갑던 피부에 온기가 돕니다. 따스해진 살결은 비단결처럼 보들보들하고 말랑말랑하죠. 새로운 피부에 감각이 돌아오면 팽팽하고 탄력적인 느낌을 얻습니다. 깍지나 팔짱도 끼어 보고 두 팔로 몸을 둘러보기도 합니다. 스스로 비비적거리며 여기저기 몸을 갖다 대 보는 일이 이상하지 않은 시간입니다. 한참 제 자신을 만지고 부둥켜안는 꼴은 그래도 희한합니다. 그때쯤 개발자는 제게 테스트 상대를 찾아 줍니다. 시각이나 청각과 같은 다른 감각들은 독립적으로 존재할 수 있지만 촉각은 상대를 필요로 하기 때문에 그렇습니다. 누군가와 접촉하는 테스트를 거쳐야만 다시 세상으로 나갈 수 있는 것이죠.

아, 이번에는 아기군요. 얼마 전 길가에 버려졌다고 합니다. 사람 간의 애정은 피부 접촉 없이는 깊어지기 힘듭니다. 피부 접촉이 없는 아기는 욕구 불만이 생기고 정서 안정에 결핍이나 장애가 생기지요. 신체적인 연결과 교류가 있고 나서야 감정과 이해가 따라오는 법입니다. 아기의 뽀송뽀송한 솜털 같은 피부를 만지는 일은 감미롭습니다. 아기의 배를 문지르고 등을 토닥거려 준 후에는 포동포동한 볼에 뽀뽀도 해 줍니다. 아기는 저의 손가락을 움켜쥐다가 깨물기도 하고 빨아도 봅니다. 젖을 찾는 모양입니다. 아쉽게도 그 기능까지 탑재하지는 않았습니다.

마지막으로 조심스레 아기를 안아 주면 따스하지요. 제가 아기를 안는 것인지 아기가 저를 안아주는 것인지 모르겠습니다. 개발자는 이만하면 쓸모 있다고 생각했는지 테스트를 종료합니다. 아기는 제 손을 떠나 누군가 데려갑니다. 벌써 끈끈해진 걸까요, 이상하게 가슴이 저밉니다.

개발자는 마지막으로 저에게 앞으로 몸을 사리지 말 것을 당부합니다. 잘 고쳐 놓았으니 쭈뼛거리지 말고 확신을 품어 보라고 합니다. 장악력 기능을 한 단계 업데이트했다는 말도 덧붙입니다. 저는 세상에 다시 첫발을 내딛습니다. 이렇게 몇 번을 새로이 태어났는지 모릅니다. 이번에는 누구와 부딪혀도 쉽게 부서지지 않을 겁니다. 물렁하지 않습니다. 강약약강 앞에서는 강강약약이 되는 일도 잘할 겁니다. 그렇게 생각하니 짜릿합니다. 속이 시원해집니다. 동시에 뜨거운 열정이 샘솟습니다. 이제 사람을 모르던 사람처럼 사람을 다시 만납니다.

노신사가 저를 찾아오셨습니다. 평생을 함께한 아내를 얼마 전에 떠나보낸 분입니다. 아내가 보고 싶다고 우십니다. 아내를 볼수도 안을 수도 없으니 그리워서 견딜 수가 없다고 합니다. 이것은 상당히 어렵고 복잡한 과제입니다. 이런 분들을 돕고는 있지만 저라고 그때의 촉각을 되살려 낼 수는 없거든요. 겨울이 지나면 어김없이 봄으로 회귀하듯 꼬박꼬박 돌아오는 능력이 아니지요.

하지만 노신사는 우리 업계에서 처음 출시한 촉각 기억 저장 칩을 구매한 분입니다. 눈으로는 보이지 않는 미세한 칩을 손에 심어 놓으면 필요할 때마다 촉각이 기록되어 새겨집니다. 몸으로 쓰는 촉각 일기가 되겠군요. 미디어 기기나 녹음기와 같다고 생각하시면 됩니다. 노신사는 아내와의 교류를 부지런히 저장해 두었습니다. 그래서 언제든지 원하는 촉각적 기억의 재현이 가능하죠. 다시 말해서 획기적인 이 칩은 접촉한 대상이 사라져도 저장된 과거의 감각을 다시 불러올 수 있습니다. 영화 「사랑과 영혼」에 나오던 귀신과는 차원이 다르지요. 다만 이 기술은 아직까지 저를 필요로 합니다. 저를 만나야만 저장한 기록을 풀 수 있거든요.

이제 노신사와 인사하고 악수합니다. 마주 앉아 두 손을 맞잡고 눈을 맞춥니다. 촉각 기억 장치가 서서히 작동됩니다. 차디찬 두 손이 조금씩 녹으며 따스해집니다. 그때의 상대가 느껴져 감정이 벅차오릅니다. 동시에 사라질까 봐 긴장도 됩니다. 떨리는 손으로 매끄러운 뺨을 가만히 다독입니다. 부드러운 턱 밑도 도닥입니다. 간지러워서 웃음이 나옵니다. 천천히 머리를 쓰다듬고 머리칼도 넘겨줍니다. 사랑스러운 눈빛으로 서로를 쳐다봅니다. 힘이 없어 보이는 상대의 어깨를 어루만지고 쓸어내리며 괜찮다고 말합니다. 한결 편안해집니다. 다시는 떨어지지 않을 것처럼 붙어 있습니다. 꼭 껴안아 봅니다. 서로 맞닿은 온기에 사로잡혔습니다. 입을 맞춥니다. 더 끌어안아서 가슴팍으로 파고듭니다. 여전히 사랑한다고 말합니다. 눈물이 맺힙니다. 그렇습니다. 이대로 영원하면 좋겠습니다. *

　※ 이 단편 소설은 책의 앞에 있는 촉각의 언어를 활용하여 창작된 것
　　임을 밝힙니다.

통증

형, 오랜만이에요. 언젠가 형이 편지를 보게 되리라는 아득한 시간이 있었어요. 유리병에 담긴 편지가 바다를 떠돌다 수신자에게 닿길 바라는 영화 같은 시간이요. 편지는 이제 빳빳하게 깃을 세워서 망설이지 않고 형의 등에 꽂혀야 해요. 연락 한 번 없다가 찔러 보는 비린 생선 같은 청첩장은 아니니 걱정 말아요. 그건 퍽이나 염치가 없지요. 이 편지는 자그마치 수십 년 동안 쓰인 거예요. 카톡도 이메일도 아니고 종이와 펜의 만남을 성사시키는 편지는 얼마나 수고스러운 일인가요. 정성 가득한 그러나 몹시 거북한 이 종이를 당장 찢고 싶겠죠. 그래도 끝이 궁금해서 그렇게 할 수 없을 거예요. 입에 붙은 욕설과 출렁이는 심장이 형에게 새로운 나날을 만들어 주겠지요.

내가 왜 오랜 시간이 지나서 활자가 되어 찾아왔는지 의아한가요? 어디 가서 조용히 콱 죽어 버렸으면 좋았을 텐데 말이에요. 그렇다면 나쁘지 않은 컴백이에요. 난 박찬욱 감독은 아니니 그냥 알려 줄래요. 칼 라거펠트Karl Lagerfeld라는 패션 디자이너 들어 봤나요. 칼 라펠거트나 칼 라트펠거는 아니니까 잘 기억해 둬요. 억울하면 그분에게 손해 배상 청구해야 할 테니까요. 어쨌든 백발에 검은 선글라스 끼고 입은 꾹 다문 아우라 끝장나는 사람이요. 그런데 그분이 돌아가셨대요. 헤어숍에서 잡지 넘기다가 알았어요. 칼 형님이 그러대요.

복수는 천박하고 끔찍한 것 나도 잘 알고 있다. 그러나 누군가 몹쓸 짓을 했는데 굳이 되갚아 주지 않을 건 또 뭔가. 사람들이 이젠 잊었겠지 할 때쯤 '의자'를 뒤로 확 빼 버리리라. 한 10년 후에라도 말이다.

글자들이 살아서 울렁거려요. 어지러워 순간 머리를 젖히고 손으로 이마를 쳤지요. 그 바람에 귀 뒷바퀴에서 춤추던 헤어 디자이너의 가위가 살을 찢었어요. 소리 지를 만큼 아팠는데 웃음이 터졌네요. 칼… 아무튼 그 형님 때문에 실실 쪼개면서 웃었다고요. 누군가 의자를 뒤로 확 빼 버린 것처럼 나는 바닥에 털썩 주저앉아 정신 나간 사람이 되었어요. 헤어 디자이너가 연신 괜찮냐고 물으며 어쩔 줄 모르더군요. 제가 뭐라고 했을까요. 안 괜찮아요, 안 괜찮아요, 그러면서 미친 듯이 웃었어요. 하필 가위를 쥐고 있던 것일 뿐 그녀가 무슨 잘못이 있겠어요. 글자들의 춤 때문인걸요. 가위도 무슨 잘못이겠어요. 제법 쨍하게 뾰족해서 제기능과 역할을 다했을 뿐이에요. 차갑고 가느다란 헤어 디자이너의 손가락이 찢겨진 내 귓바퀴를 부여잡고 동동거렸어요. 귀는 심장을 달고 있는 것처럼 퍼덕이며 규칙적으로 피를 뿜었습니다.

정신 나간 고객님은 목뒤를 타고 흐르는 액체를 느끼며 눈을 감았어요. 황홀한 정화의 순간이랄까, 이제 때가 되었다는 계시랄까. 살다 보면 그럴 때가 있잖아요. 운명처럼 번개가 번쩍이는 순간이요. 정진하던 스님이 놓칠 수 없는 이상형을 만나서 야밤에 하산해 버리는 일 같은 것이요. 인생은… 아름답진 않지만 그보다 더 진한 향기가 있네요. 일면식도 없는 외국인의 번역된 활자들이 결심하게 만들다니 말이에요. 흰 종이에 검은 글씨일 뿐이라고 그냥 넘기지 않은 것이 바로 운명이겠죠.

칼 형님의 어느 구절이 날 움직였는지 궁금한가요? 복수? 몹쓸 짓? 의자 빼기? 아니에요, 아니에요. 모두 틀렸어요. '이젠 잊었겠지 할 때쯤'이에요. 여기에 밑줄 쫙 치고 별표도 달아 놓으세요. 안심하여 두 발 뻗고 평화로이 잠들었을 때 문을 두드려야지요. 불면을 향한 길고 긴 서막이요. 형, 나는 이제야 남의 일처럼 덤덤하게 적어요. 과거는 박살 낼 수 없지만 아직 오지 않은 미래는 유예시키는 중입니다.

아버지 앞에서 형이 굽신거리며 인사하던 날이 생각나요. 허리는 옛날 폴더 휴대폰처럼 접히고 머리는 땅에 닿을 듯했죠. 순간

다른 사람인가 싶었어요. 형이 그렇게 하는 것을 도통 본 적 없으니까요. 그 얼굴이 아직도 생각나요. 보톡스 주사 맞은 사람처럼 얼얼하게 웃는 얼굴이요. 형은 아버지에게 잘 보이고 싶어 했죠. 형의 레이더만큼은 국방부 저리 가라니까요. 사실 사람 앞에서 변덕부리는 형이 우스웠어요. 약간은 우쭐해진 이상한 기분으로 형의 연기를 감상했다고 할게요. 그래도 무언으로 그 연기를 짐짓 동조해 주었어요. 형을 오래 보고 싶었으니까요.

그런데… 아버지는 다르셨어요. 형을 보고 난 후 저에게 딱 한 말씀만 하셨지요. 쟤랑 친하게 지내지 마라. 그때 아버지의 말씀을 잘 새겼어야 했어요. 질곡의 세월을 견뎌 온 아버지의 눈에는 형의 본질이 보였지만 보이지 않는 것을 볼 수 있는 눈은 내게 없었어요. 통찰력 따위와는 거리가 멀었죠. 형의 말은 환심을 사기에 충분했고 나는 철석같이 형을 믿었습니다. 나에게 잘해 주는 형이 좋은 사람이라고 생각했어요. 좋은 사람이라는 것은 스스로 만들어 낸 환상이라는 걸 그때는 몰랐죠. 사람은 천사도 악마도 아니고 그저 사람일 뿐임을요.

형은 인적 자원이 중요하다고 자주 말하곤 했어요. 투자 가치가 있어 로비할 만한 인적 자원이 바로 나였습니다. 지금에서야 말하지만 교육부 직원이라고 해도 믿었을 겁니다. 형은 순진하고 다루기 쉬운 인적 자원을 효율적으로 쓰길 바랐습니다. 나도 내심 좋은 형의 인적 자원이 되기를 바랐지요. 자원은 쓰일 만큼 쓰이다가 쉽게 버려지고 언젠가는 고갈된다는 데는 생각이 미치지 못했어요. 금광이나 석유가 영원하지 않듯 사람도 영원하지 않은 것을요. 아니, 세상 모든 것들 중에서 가장 적은 일생을 살며 빠르게 닳아 없어지는 것이 사람이라는 걸요. 순간이 영원처럼 존재할 뿐 영원의 순간들은 연속적으로 달아난다는 것을요.

형은 큰일을 하겠다고 선언했어요. 나를 앞세워 아버지에게 사업 자금을 투자 받으려 했지요. 아버지는 단호히 거절하셨어요. 형의 사탕발림 같은 말들에는 꿈쩍도 하지 않으셨습니다. 아직도 형을 만나고 다니냐며 저를 다그치셨죠. 너는 아무것도 모른다, 동업은 함부로 하는 것이 아니다, 집에 가만히 있는 편이 낫다며 나무라셨습니다. 치기 어린 마음에 발끈했습니다. 하지만 아버지 말대로 차라리 집에 있었다면….

막상 형의 뜻대로 아버지가 움직이지 않으니 본격적으로 나를 꼬드기기 시작했어요. 너도 사장님 명함을 달고 사람답게 살 수 있다고요. 번듯하게 보란 듯이 살 수 있는데 언제까지 집에 있을 거냐는 말이 나를 자극시켰어요. 잔병치레를 달고 간신히 고등학교를 졸업한 왜소하고 보잘것없는 내가 무언가 할 수 있다는 생각을 처음으로 품어 보았습니다. 삶에 대한 의지도 계획도 없던 나는 형과 함께라면 장밋빛 세상이 펼쳐지는 기분이었거든요. 형이 있다면 무엇이든 해낼 수 있을 것 같았고 형이 없는 세상은 집을 잃어버린 달팽이 같았어요.

형은 기쁘게 눈 가리어지고 무른 마음의 소유자를 조련해 나갔습니다. 그리고 나는 형이 시키는 대로 아버지에게 말했어요.

형과 한 몸이 되어 아버지를 함락시키리라 다짐하면서요. 세상에 단 하나뿐인 진실한 나의 편을 몰라봤습니다. 아버지를 속이는 일을 저질렀지요. 아버지가 내게 드리운 형의 그림자를 보지 못한 것은 아니었어요. 하지만 아들의 끈질기고 간절한 바람을 끝내 저버리지 못하셨습니다. 사람 구실하면서 살고 싶다는 말에 크게 흔들리셨거든요. 그토록 생에 대한 의지를 드러낸 적이 없었으니까요. 형은 그렇게 아버지의 유일한 아킬레스건이었던 나를 점령했고 원하는 바를 달성했어요. 그러나 나는 등 뒤에서 독화살 같은 칼을 준비하는 파리스를 눈치채지 못했습니다.

나는 형의 바지사장이 되었습니다. 아버지의 자금은 나에게서 형에게로 비밀리에 전달되곤 했지요. 아버지를 생각하면 마음이 편치 않았습니다. 하지만 형이 구상하는 길이 곧 내가 갈 길이라는 말을 들으면 어쩐지 괜찮아지는 것 같았어요. 그런데 언제부턴가 형은 사업에 대해 제대로 말하지 않는 날들이 많아졌습니다. 말을 흐리다가 결국 알려 주지 않거나 어려운 말들로 가득한 서류만 던져 놓았습니다. 형이 무엇을 하고 있는지 잘 알 수 없었죠. 조금이라도 자세하게 물으면 화를 내기 일쑤였고요. 의심하지 말고 그저 믿고 기다리라는 말뿐이었습니다. 믿기만 하면 모든 것이 다 해결될 것처럼요.

나는 꿔다 놓은 보릿자루처럼 형이 마련한 사무실을 종일 지켰습니다. 차라리 개를 데려다 놓는 편이 좋았을 겁니다. 나와 형의 이름을 따서 만든 HJ홀딩스 명함만 만지작거렸죠. 집 나간 주인이 돌아오길 기다리는 개처럼 형을 기다리면서요. 누군가에게 기대고 의지하는 삶이 얼마나 비참한 것인지 그때까지 알지 못했습니다. 그때의 나는 어디를 향해서 폭주하는지 몰랐습니다.

그즈음 형은 나를 만지기 시작했습니다. 너처럼 예쁘장한 애는 데리고 놀아 줘야 한다면서요. 장난치지 말라고 했습니다. 형은 장난이 아니었고요. 나는 그렇지 않다고 말했지만 형은 개의치 않았습니다. 너도 사실 그렇잖아. 아니라고 말하는 나를 아무렇게나 해도 괜찮은 열등한 물건처럼 굴복시켰습니다. 그제야 무언가 잘못되었다고 생각했습니다. 충격과 치욕에 휩싸였던 나를 어떻게 설명해야 할지 모르겠군요. 떨리는 목소리로 도대체 나는 무얼 하고 있는 건지 형에게 물었죠. 언제쯤 인적 자원으로 일하는 건지 불꽃을 낼 수 없는 성냥 같은 말을 했습니다. 썩은 동아줄이라도 잡고픈 심정이었으니까요.

형은 코웃음 쳤습니다. 너 이미 인적 자원이야, 네 할 일 하고 있잖아, 순진한 건지 멍청한 건지. 아, 형은, 내가 알던 사람이… 아니었어요. 아니, 형이 감추어 온 모습을 그제야 보았던 거죠. 아닐 거라고 부정도 해 보았어요. 잘못 본 것이라고, 무언가 착오가 있던 것이라고 나에게로 화살을 돌렸습니다. 형을 부정하면 착실히 쌓아올린 성벽이 와르르 무너져 내릴 테니까요. 하지만 성벽이 무너져 돌에 깔린들 형이 나를 다시 만지는 것보다는 나을 것 같았습니다. 무너진 돌들 사이로 정신을 차렸습니다. 형에게서 빠져나오기로 결심했어요. 형은 그런 나를 눈치챘고 내가 어디도 가지 못하도록 가두었습니다. 네가 선택한 것이고 너도 좋았던 것이라며 악을 썼지요. 아버지에게 말하면 죽여 버리겠다고 윽박질렀습니다. 네가 나를 벗어나 무얼 할 수 있겠냐며 비웃었고요. 자신의 그림자처럼 살라고 고함도 쳤지요.

나는 더 이상 아무것도 들리지 않았습니다. 그저 아버지 얼굴만 떠올랐어요. 어떻게 모든 것을 설명해야 할지 엄두가 나지 않았습니다. 그래도 돌아가야 할 곳은 분명했어요. 얼마 후 형이 외출한 사이 옆 건물에 불이 났죠. 불이 기적처럼 느껴지는 순간이었네요. 소방대원들이 건물의 문을 부수고 사람들을 대피시켰고 그 덕에 나도 탈출했습니다.

만물이 소생하는 계절에 아버지와 집 마당 의자에 앉아 있었습니다. 마당을 드리운 따사로운 햇살에 고양이들이 한껏 기지개를 펴던 날이었죠. 적나라한 봄 앞에서 고개를 숙이고 아버지에게 사실을 실토했습니다. 그러나 형이 준 치욕 중의 치욕만은 차마 입이 떼어지지 않았어요. 그 이야기는 아버지 앞에서 비껴갔습니다. 어렵사리 말을 마치고 아버지의 처분이 내려지기만을 기다렸어요. 아버지는 아무 말 없이 먼 산을 바라보다가 갈라진 목소리로 그만하면 되었다, 라고 하셨습니다. 달게 벌 받을 각오를 하고 있던 나는 놀라서 고개를 번쩍 들었지요. 무사히 돌아왔으니 괜찮다는 말씀을 듣게 될 줄은 몰랐어요.

눈부신 햇살 때문이었는지 나의 눈물 때문이었는지 그때의 아버지 얼굴은 마치 아지랑이 같았습니다. 다시는 그런 일을 반복하지 말거라, 네 인생은 네 힘으로 찾거라, 아버지는 그 말을 끝으로 나를 덤덤히 안아 주셨어요. 한심하고 부끄러운 나는 아버지 품에 안겨서 그저 눈물만 흘렸습니다. 그때 아버지와 안아 본 지 너무 오래되었다는 사실을 떠올렸고, 어딘지 야위고 작아진 것 같은 아버지가 느껴졌어요. 눈물은 쉽사리 그쳐지지 않았죠. 그렇게 한참을 울고 난 후 형을 경찰에 신고하고 사기죄로 고소하는 일에 대한 대화를 시작한 참이었습니다.

갑자기 험악한 사람들이 집을 둘러싼 담장을 가뿐히 넘어왔어요. 무슨 일이냐고 묻기도 전에 그들은 아버지를 향해 달려들었습니다. 아버지를 잡아서 무작정 집 마당 밖으로 끌고 나가려 했지요. 나는 끌려가는 아버지를 잡기 위해 아버지 다리에 필사적으로 매달렸습니다. 그들은 나를 처리해야 하는 재활용 쓰레기처럼 마구 발로 밟았습니다. 아버지는 놀란 목소리로 제 이름만 반복해서 부르셨죠. 나는 두들겨 맞는 동안 마당의 흙먼지와 한 몸이 되었고 얼굴은 땅에 갈릴 것처럼 뭉개졌습니다. 그래도 한 손으로는 악착같이 아버지 다리를 잡고 다른 한 손으로는 퍼붓는 익명의 발길질을 막아 보겠다고 허둥댔습니다.

그러다 발길질 사이로 나를 빤히 쳐다보는 익숙한 눈과 마주쳤습니다. 나를 돕겠다는 생각은 들지 않은 모습이었죠. 형의 두 발은 바닥에 붙어서 떨어질 줄 몰랐으니까요. 산자락 어딘가에서 뻐꾹새의 울음소리가 들렸어요. 악다구니를 쓰고 있을 때 처량맞은 뻐꾹새는 박자에 맞추어 울어 주대요. 내가 울 겨를이 없으니 뻐꾹새가 대신해 주는 것 같았어요. 어쩐지 슬픔을 예고하는 단

조처럼 들려서 그 와중에 서글픈 감정을 느꼈습니다. 형이 누군가에게 칼을 건네는 모습을 봤어요. 차라리 그때 눈을 감고 있었다면 칼 형님의 말에서 아무것도 느끼지 못했을 텐데요. 참 이상하지요. 그 순간부터 아프지 않았거든요. 태어나서 그렇게 맞아본 적이 없었는데 아프지도 않고 뻐꾹새가 우는 소리도 더 이상 들리지 않았어요. 진부한 김소월의 시 '진달래꽃'이 자막처럼 지나가요.

나 보기가 역겨워
가실 때에는
말없이 고이 보내 드리오리다.

영변에 약산
진달래꽃
아름 따다 가실 길에 뿌리오리다.
가시는 걸음 걸음
놓인 그 꽃을
사뿐히 즈려 밟고 가시옵소서.

나 보기가 역겨워
가실 때에는
죽어도 아니 눈물 흘리오리다.

역설로 빚은 시는 잘못되었음에 틀림없어요. 나 보기가 역겨워 가실 때에는 등에 칼을 꽂는 거예요. 말없이 고이 보내 드릴 수는 없는 거예요. 등에 처음 칼을 맞을 때도 잘 몰랐어요. 정말 그런 것이 내 몸에 들어왔다가 나갔는지 파악할 겨를도 없었으니까요. 두 번째 칼을 맞았을 때 무언가 잘못되었다는 생각이 들었어요. 그렇죠. 죽어도 아니 눈물 흘리겠다는 말은 멋있어 보이고 싶은 허세로 만든 가식에요. 정신을 잃고 아버지 다리를 놓쳤어요.

그렇게 아버지가 가실 줄은 몰랐어요. 그들은 충격 받고 쓰러진 아버지 몸 위로 침을 뱉고선 형과 함께 사라졌습니다. 현실인지 꿈인지 알 수 없는 어디쯤에서 돌이킬 수 없는 구체적인 삶이 주어졌어요. 헛헛한 장례식장에서 나는 울 수 없었습니다. 슬퍼해야 하는 것인지 분노해야 하는 것인지 생각할 겨를은 없었어요. 나침반의 N극과 S극을 가리키던 바늘이 자기장을 잃고 뱅글뱅글 돌았습니다. 누가 나의 머리에 백지 한 장만 남겨 두고 전선을 뽑아 버렸거든요. 황망히 떠난 아버지의 빈자리에 덩그러니 남겨진 자는 어떻게 해야 할지 몰랐습니다. 이 세상에 가족이라고는 아버지와 나뿐이었으니까요.

장례를 마치고 집으로 돌아와서 신발을 벗는데 그제야 뜨뜻한 것이 가슴팍에서 밀려나오며 주체할 수 없는 눈물이 쏟아지더군요. 그 자리에 고꾸라져서 구겨진 채로 울었습니다. 그러다 현관 거울 속에 비친 만신창이가 된 나와 눈이 마주쳤지요. 사람이 아니었어요. 사람이 아니야. 넌 사람 새끼가 아니야. 벽에 걸린 거울을 떼어서 바닥으로 던졌습니다. 아무렇게나 깨지고 흩어진 유리 위로 엎어졌어요. 그렇게 나의 몸도 산산조각이 나서 흩어지길 바랐습니다.

눈물은 붕대 감은 얼굴을 적시고 바깥으로 새어 나와 유리 조각 위로 떨어졌습니다. 손이 닿은 유리는 붉게 물들어 미끈거리는 눈물과 뒤섞였지요. 끈적이는 붕대 안의 얼굴은 점점 달구어졌습니다. 뜨거워서 숨을 제대로 쉴 수 없었어요. 숨을 쉬는 것인지 숨이 나를 먹는 것인지 모르겠어요. 살려 주세요. 형, 사람은 왜 절체절명의 순간에 살려 달라는 말을 하는 걸까요. 죽여주세요, 라고는 왜 입 밖에 내지 않을까요. 사는 것도 죽는 것도 쉽지 않은데 말이에요.

정신을 잃고 한참 후에 눈을 떴을 때는 모든 것이 엉망임을 자각했습니다. 붕대로 감아 놓은 등은 붉은 옷을 입은 것처럼 축축하게 물들었어요. 한껏 봉숭아 물을 들인 것이었다면 멋지다는 이야기를 들었을지도 모르지요. 그 바닥에는 붉은 핏기가 돌았어요. 아무리 닦아도 잘 지워지지 않았거든요. 그래서 그곳을 붉은 우물이라 이름 붙였답니다. 우물에 시선이 닿을 때마나 등에서는 뜨거움이 올라왔어요. 이상한 것은 등이 뜨거워져야 비로소 안심했다는 거예요. 지금은 때가 아니야. 참고 기다려.

마음이 아프지는 않아요. 마음이 아프다는 것은 얼마나 낭만적이고 고상한 일인가요. 시간이 지나면 아물어서 흉터처럼 남는 아픔을 말하는 것이 아니에요. 다만 등이 아플 뿐이에요. 더 이상 감정이란 걸 느끼지 않아도 좋으니 아무것도 느끼지 않으면 좋겠다고 생각했어요. 힘겹게 잠들었다가 뜨거워진 등에 몇 번이고 소스라쳐 깨는 일이 반복되었기 때문이죠. 일종의 리추얼입니다.

상반신을 움직이려면 얼굴부터 찡그리는 것으로 시작해요. 등과 얼굴이 번갈아가며 드라마틱한 춤을 추면 꿈틀거리는 벌레가 됩니다. 몇 번의 단계를 거쳐 어깻죽지를 천천히 움직여 보죠. 저절로 꺼이꺼이 탄식이 흘러나옵니다. 물 밖으로 뛰쳐나온 물고기가 죽을힘을 다해 아가미를 크게 벌리고 숨쉬는 것처럼요. 그러나 입술을 바짝 깨물고 있었던 것은 나중에야 알게 되죠. 나의 등은 투쟁과 망상을 혼동하지 않기 위해 애썼습니다.

그러다 온몸에 힘이 빠질 때쯤 등이 잘 있나 손으로 더듬거려 봅니다. 눈, 코, 입도 없는 등인데 얼굴을 조심스레 쓰다듬는 것처럼요. 그렇게 모든 의식이 끝났다고 안심했을 때 아직 죽지 않은 신경이 벌떡 일어나 비명을 지르곤 하죠. 아! 통증을 정확하게 표현할 수 없네요. 누가 내 통증을 측정기로 재서 숫자로 표현해 주면 좋겠어요. 그래야 사람들은 내 고통을 대강이라도 이해하는 척할 거예요. 말 못할 고통, 남들은 모르는 병을 아무리 말로 설명해야 마음에 와닿을 리가요. 등으로 스며 나오는 통증은 등으로 울어 본 자만이 알 수 있습니다. 나의 눈물샘은 등으로 옮겨가서 등으로 울기 시작했어요. 그 이후로 내가 우는 걸 본 사람은 없습니다.

형, 이제부터 형의 의자를 빼요. 나는 아버지 장례가 끝나고 오래도록 누워 있었어요. 통원 치료 이외에는 좀처럼 집 바깥으로 나가지도 않았지요. 아무도 나의 근황을 알 수 없을 만큼 조용히 지냈어요. 나는 홀로 견디고 또 견뎠습니다. 구멍 난 가슴에서 샘솟는 분노보다는 아무 때나 찾아오는 지독한 통증을 잠재울 길이 없었어요. 나는 살아 있는 통증이었죠. 통증이 곧 나였고 통증이 나를 증명했어요.

그사이 나에 대한 이상한 소문이 돌았습니다. 형은 내가 동성애자라고 소문을 냈지요. 나로 인해 아웃팅이 될까 봐 빠르게 선수를 쳤더군요. 무척 아끼는 동생이었으나 동침하려 한 동성애자를 받아들일 수는 없었다며 내가 조용히 사라진 것처럼 일을 꾸몄잖아요. 동네 사람들은 어쩐지 왜소하고 마른 몸에 남자답지 않게 예쁘장하더니만 역시 그렇고 그런 것이라며 수군댔죠. 돌고 도는 소문이 두문불출하는 내 귀까지 닿았을 때는 정말 모든 것을 밝히고 싶었습니다. 바깥으로 뛰쳐나가 길 가는 아무나 붙잡고 말하는 거죠. 제가 그렇게 보이세요? 제가 정말 그렇게 보이세요? 저의 그런 외모가, 도대체, 그것이 왜 문제가 되어야 하죠?

그런데 어째서 형을 신고도 하지 않고 소문을 바로 잡지도 않았냐고요. 의아하겠죠. 어떤 사람은 멍청하다고 말하겠죠. 나는 그때 죽을 것인지 아니면 기다릴 것인지 기로에 서 있었습니다. 단순히 형을 고발하거나 진실을 알리고 말고의 차원이 아니었어요. 쉽게 풀려나 버릴 허술한 법으로 상대할 통증이 아니었으니까요. 그런데 나는 이상하리만치 기다리고 싶었어요. 무엇을 기다렸냐고요. 형에게 나의 통증을 제대로 느끼게 해 주는 그 언젠가를요. 구체적이고 실체적인 감각의 효력을 돌려주는 일이요.

죽음보다 강렬한 통증이 죽자는 생각을 이겨 냈습니다. 그때의 나는 더 이상 내려갈 곳이 없는 바닥이었고 아무런 힘도 없었습니다. 나의 통증은 반격을 준비할 시간이 필요했어요. 그래서 기다림이라는 실없어 보이는 운명을 택한 것이죠. 기다림을 택한 나는 형의 바람대로 세상에서 흔적도 없이 꺼져버린 것처럼 보였을 거예요. 꼭꼭 숨어서 형이 승승장구하기를 바랐습니다. 믿지 않는다고 해도 그랬어요. 그 어느 날에 잃을 것이 많은 형에게 통증을 번역하게 되길 바랐습니다. 형이 희미해지지 않게 해 주고 기약 없는 기다림을 견딜 수 있게 해 준 것은 바로 통증이었습니다.

죽는 대신 기다림을 택했으니 갓 태어난 아기처럼 모든 것을 하나씩 시작해야 했어요. 아버지와 살던 집을 처분하고 한번도 들어 본 적 없는 서울의 어느 동네로 이사를 갔습니다. 아버지 다리에 매달리는 동안 만신창이가 된 얼굴은 의사의 권고에 따라 성형 수술을 했어요. 그냥 전부 다 바꾸어 달라고 했습니다. 그렇게 달라진 얼굴에서 나를 찾는 일은 어색했어요. 아무리 얼굴을 만져도 나를 만지는 것 같지는 않았거든요. 얼굴이라 명명할 수 있는 곳은 바뀐 얼굴이 아니라 등이라고 생각했으니까요.

그러니까 본래의 내 얼굴은, 잊을 수 없는 기억을 등에 새긴 채로 사는 나는, 등에 있는 셈이었죠. 사람들은 습관적으로 또는 무의식적으로 얼굴을 만진다지만 나는 그렇게 등을 만지죠. 등으로 내 자신을 인식하고 느끼니까요. 나의 등은 비밀리에 감추어 둔 금고처럼 누구에게도 보여 주지 않았습니다. 얼굴을 바꾼 후에는 이름도 바꾸었어요. 그러니 모든 것이 달라진 것 같더군요. 나는 새로운 생일을 맞이했고 더는 무서울 것이 없었습니다.

통증을 견딘 힘으로 대학 입학에 도전했어요. 두 차례의 낙방 끝에 의과 대학에 진학했습니다. 세상에서 가장 어려운 공부를 하고 싶었고 그것은 의학이었습니다. 의학으로 내 통증을 누구보다 가장 잘 이해하고 싶었거든요. 나는 오직 밥, 공부, 밥, 공부, 때로는 화장실, 다시 공부만 되풀이 하면서 일주일에 볼펜을 자그마치 3개씩 갈아 치웠으니 그 시절엔 정신이 완전히 나가 있었죠. 하지만 언젠가 형에게 전달할 통증에 비하면 아무것도 아니었어요. 죽을 것 같은 통증이 아이러니하게 나를 살게 했고 다른 사람이 되게 해 주었죠. 여자 같다고 놀림받던 얼굴은 전혀 다른 사람으로 바뀌었고 종잇장 같았던 왜소한 몸은 뼈를 깎는 노력으로 다른 그릇을 가지게 되었습니다. 나의 마음과 눈빛도요. 그래서 형이 날 만났을 때 알아보지 못한 거예요. 이제 좀 아시겠어요?

졸업 후 레지던트 생활을 마치고 마취통증의학과 전문의가 되었어요. 병원에 자리를 잡고 3년의 시간이 흐른 무렵이었죠. 나의 등에서 더 이상 통증이 느껴지지 않음을 알아차렸습니다. 통증뿐만 아니라 그 무엇도 감각할 수 없음을요. 그것을 아는 데는 오랜 시간이 걸리지 않았어요. 무언가 내 몸에서 쑥 빠져나간 듯 감쪽같이 사라졌거든요. 제 역할을 마치고 퇴장하는 연극배우처럼요. 친애하는 통증을 잃어버리고 실의에 빠진 환자가 된 기분이었습니다. 아직은 통증이 더 머물러 주어야 할 것 같았거든요. 불안했어요. 그때는 아직 형을 만나지도 않았고 통증을 번역해 주는 일도 못했으니까요.

통증이 사라졌으니 다행이라 해야 할지 불행이라 해야 할지 여전히 모르겠어요. 나의 통증은 복합적이고 입체적인 것이어서 하나의 완결된 의미로 존재하거나 정의 내려질 수 없습니다. 버리고 싶어도 버릴 수 없고 미치고 싶지 않아도 미쳤던 것이라고 말해 볼까요. 누군가 내게, 통증으로부터 해방되어 홀가분한가요? 라고 물으면 네, 라고 답합니다. 어쩐지 서운하기도 한가요? 라고 묻는다면 역시 네, 라고 답하죠. 그보다는 이제 내가 아닌 것 같다고 답해야겠죠. 또 다른 나와 작별 인사도 못한 채 이별하는 일은 쉽지 않으니까요.

형, 나는 통증을 사랑하게 된 걸까요? 어쩌면 죽는 날까지 통증을 느끼는 편이 좋았을까요? 다행스러운 것은 나의 등은 여전히 울 수 있어요. 남몰래 흐르는 눈물은 등을 가르고 어딘가에 잠든 은폐하지 않은 통증을 추모하지요. 형을 찾아야겠다는 생각이 강하게 밀려들었습니다. 통증을 잃어버려서 형의 존재가 희미해질까 봐 염려되었어요. 사라진 통증의 빈자리에 어떻게든 형을 앉히겠다고 발악한 거죠. 내 두 손에 더러운 것을 묻히지 않아도 누군가 이미 복수했을까 봐 초조해졌습니다. 형의 종적과 관련된 것을 모조리 파헤치고 수집했습니다. 그렇게 오래된 유해를 발굴하는 고고학자의 일이 시작되었습니다.

형은 고향을 떠나 서울로 갔습니다. 형의 발자취는 빈칸이었다가 정해진 칸에서 벗어나 있다가 다시 새로운 칸을 그리는 일을 반복했더군요. 그래서 형의 종적을 발굴하고 감식하는 일은 꽤 시간이 걸렸어요. 그 옛날 내가 열심히 나른 아버지 사업 자금으로 이런 저런 일에 손을 대었고 여러 번 실패했지요. 그러다 극적으로 성공시킨 사업이 있었습니다. 그리고 원하는 것들을 차례로 손에 넣기 시작하죠. 그 성공이란 것은 음지에서 날개를 달고 날았던 것이었지요. 그 바닥에서 오랜 시간 빨아들인 돈으로는 부족했는지 형과는 어울리지 않는 것을 탐내기 시작했어요. 이제 모든 것이 시시해진 형에게는 다른 자극이 필요했거든요.

그런데 욕심이 과했어요. 형은 권력을 갖고 사회적으로 인정받길 원했습니다. 그 이유에는 형이 끔찍하게 여기는 아들이 있었습니다. 자신의 정체성을 감추고 결혼이란 걸 하여 얻은 그 아이요. 형을 기억하는 주변 사람들의 입에서는 어김없이 아들 이야기가 나왔습니다. 세상 그렇게 다정하고 아들밖에 모르는 사람이 없다고 말이에요. 어느 날 초등학생 아들이 묻습니다. 아빠는 무슨 일을 해? 제대로 답할 수 없던 형은 내내 마음에 걸렸죠. 그리하여 마침내 한 번도 자기 자신이 아니었던 것이 되기를 갈망합니다.

부유층을 상대로 계속 마약 장사와 성매매를 했다면 이 편지도 뻔한 이야기로 끝났겠죠. 형은 역시 나의 바람대로 드라마를 쓸 줄 알았습니다. 수면 위로 올라와서 음지에 있던 자신을 세탁하여 포장해 줄 이미지를 만들기 시작합니다. 형이 선택한 사업 아이템은 기금 조성에도 용이하고 대외적으로 신뢰도를 높일 수 있는 사회 복지 분야였어요. 정체를 알 수 없는 투자 회사 대표에서 자선 사업가로 둔갑하고 시청각 장애인을 위한 사회적 기업을 설립했죠. 언론과 인터뷰를 하고서는 어느 날 갑자기 '인간애'를 실천하는 사람이 되어있더군요. 아버지에게 인사하던 그 웃는 낯짝을 하고요. 그 얼굴을 보고 구역질이 났습니다. 우리 사회에 한 줄기 빛과 같은 존재처럼 찬양하는 기사에 사람들은 정말로 그렇게 믿더군요. 형은 대필로 자서전을 출간하기도 했지요. 자서전이 아니라 창작 소설이었는데 말이에요. 여기저기 강의도 하러 다녔고요. 머지않아 서울시 대표 사회적 기업 홍보 대사가 되었고 광화문의 여러 전광판에 형의 얼굴이 알려졌습니다. 나는 형의 행보를 지켜보며 형이 어떻게 훗날을 감당할지 궁금해졌어요.

나는 형이 왜 시청각 장애인을 택했는지 단번에 알 수 있었어요. 누구에게도 들키지 않고 형의 욕망을 손쉽게 처리할 수 있는 대상으로 여겼던 거죠. 모두 남자 직원만을 고용했고요. 그중에는 미성년자도 있었습니다. 취업에 취약한 젊은 그들에게는 형이 구원의 손길처럼 다가왔겠죠. 형은 상대의 가장 연약한 곳을 파고드는 포악한 장기를 발휘하며 사이비 종교 지도자처럼 그들 위에 군림했습니다. 월급도 제대로 주지 않았고요. 그러나 그들은 형의 실상을 폭로할 수 있는 처지의 사람들이 아니었어요.

　이 모든 것을 어떻게 알았냐고요. 시청각 장애인들이 운영하는 형의 사회적 기업 커피숍을 주기적으로 찾았거든요. 매장 운영 시간에 형의 모습은 보이지 않았죠. 나는 오랜 기간 시청각 장애 청년들을 지켜보았습니다. 수화도 배웠어요. 그들과 1년여의 시간 동안 남다른 우정을 쌓았지요. 어느덧 내게 마음을 열게 된 그들은 형의 실상을 전했습니다. 그들의 증언을 차곡차곡 기록하였고요. 그들이 손으로 가슴을 치며 얼굴을 찡그리고 말할 때마다 오래전의 내가 떠올라 괴로웠습니다. 그들은 형을 고발하면 일자리를 잃게 될까 봐 두려워했죠. 그들을 외면하지 않는 이들과 함께 일을 계속할 수 있도록 도와주겠다고 설득했어요.

　이제 내가 누구인지 알겠나요. 사회적 기업 커피숍에서 형을 처음 본 사람처럼 만나고 인사를 나누던 우리를요. 나는 보통 때처럼 커피숍에 들러 한가로이 커피를 마시고 있었습니다. 그러다 커피숍으로 들어오는 형을 한눈에 알아봤어요. 통증을 새겨 준 사람은 오랜 세월이 흘러도 바로 알아보게 되더군요. 형의 사진을 수백 번도 더 보았으니 괜찮을 거라 생각했는데 막상 마주해서 평온을 찾기란 여간 쉽지 않았어요. 혹여나 형이 나를 알아보고 눈치채지 않을까 걱정도 했지요. 다행히 세월과 달라진 나의 외양은 형에게 처음 만나는 사람이 되어 있었네요. 오래전의 나는 형의 기억 속에서 지워졌겠죠. 형은 내가 마취통증의학 전문의라는 사실에 굉장한 호감을 보였습니다. 사람이 어디 변하던가요? 머릿속으로 계산기 두드리는 소리가 내 귀까지 들렸으니까요. 아버지에게 잘 보이려고 했던 그때처럼 이제는 내게도 잘 보이려고 했죠. 그런 형의 표정을 보면서 속으로 웃음을 찾느라 혼났습니다. 그래요, 그런 것들은 모르는 척 넘어가 주는 미덕이 필요하죠.

우리는 좋은 분위기 속에서 화기애애한 잡담을 나누었습니다. 사회적 기업에 대한 의견을 교류하며 친목을 다지기로 했죠. 형은 나에게 자주 놀러 오라고 했습니다. 얼마 지나지 않아서 중학생이 된 형의 아들도 보여 주었고요. 형이 잠시 자리를 비웠을 때 형의 아들에게 물었습니다. 아빠가 어떤 일을 하시는지 아니? 사회적 기업을 운영하며 장애인을 도와요. 아빠에 대해서 어떻게 생각하니? 세상에서 가장 자랑스러워요. 천사 같은 사람이 바로 우리 아빠예요. 아무것도 모르는 형의 아들에게서 오래전의 내가 오버랩되었습니다.

어느 날 형은 내게 심각한 얼굴로 자문을 구했습니다. 형의 아들이 밤에 도통 잠을 이루지 못한다고요. 아들이 통증에 괴로워하는 것 같다고 말했지요. 형이 통증이라는 단어를 입에 올렸을 때 사실 나는… 지진 난 것처럼 눈동자가 흔들렸고 식은땀이 흘렀습니다. 형에게 그런 나를 들키는 것은 아닐까 싶었죠. 애써 침착하게 내가 운영하는 통증 클리닉에 와보라고 권유했습니다. 형은 아들을 보냈고 나는 꼼꼼하게 진찰했습니다.

그런데 그 아이의 통증 원인이 뚜렷하지 않았어요. 아이는 누군가 온몸을 잡아당기는 것처럼 아프다고만 했습니다. 나는 간단한 처방전과 물리 치료를 하는 것이 좋겠다고 권했고요. 그러나 예상대로 큰 차도는 없었습니다. 형은 나에게 원인을 알아내라고 요구하기 시작했어요. 나는 큰 병원에 가 보시라 말했지요. 그러나 형은 내가 있는데 뭐 하러 큰 병원에 가냐며 계속 내 병원에 아들을 보냈습니다. 나는 그때 형의 아들이 의학적으로는 온전히 설명할 수 없는 신병 같은 것을 앓고 있는 것은 아닐까 생각했어요. 그 아이가 묘사하는 증상들에 따르면 나의 생각이 맞을 겁니다. 물론 그 말을 입 밖으로 꺼내지는 않았습니다. 인정하지 않을 형이라서요. 그래서 큰 병원에 가보라는 말만 되풀이했죠.

어느 날 형이 내 병원으로 찾아왔습니다. 간호사들의 제지도 아랑곳하지 않고 막무가내로 문을 열고서 소리치더군요. 의사 맞냐고 성을 냈지요. '인간애' 넘치는 사람은 잠시 어디 두고 오셨나, 이제 본색이 나오는구나 싶었습니다. 아들에게 차도가 없으니 이제 내가 별 볼일 없다고 생각한 거죠. 나에게 돌팔이니 뭐니 입에 담긴 힘든 말을 퍼붓기 시작했습니다. 나는 더 이상 형과 대화하고 싶지 않았습니다. 일어나서 정중히 문을 열고 이만 나가달라는 제스처를 하고 서 있었습니다. 형의 얼굴은 울그락불그락했고 투우장의 황소처럼 씩씩대었죠.

내가 그만 돌아서서 자리에 돌아가려 할 때 형은 스탠드 옷걸이를 집어서 그대로 내 등을 내리쳤습니다. 얼마나 세게 쳤는지 옷걸이는 두 동강이 나서 그대로 바닥에 떨어졌습니다. 그런데, 아뿔싸. 이를 어쩌나요. 윽 하고 쓰러지는 시늉이라도 내었어야 할까요. 내 머리를 내리쳤으면 모를까, 나는 등으로 더 이상 무엇도 느낄 수 없거든요. 등에 있는 내 신경이 다 죽어 버렸으니까요. 나의 등은 죽지 않는 불사신이 되어서 영원을 사는 강물에 목욕했기 때문이지요. 형은 아무렇지 않게 서 있는 나와 두 동강이 난 옷걸이를 번갈아 보며 당혹스러워 했습니다. 그리고 달아나듯 자리를 떠났습니다.

나는 퇴근 후 헤어숍에 들렀습니다. 그리고 운명처럼 칼 형님을 만났죠. 헤어숍을 나선 후에는 그동안 준비해 온 몇 가지 일을 처리하고 책상 앞에 앉아 이 편지를 씁니다. 이제 곧 방송될 저녁 뉴스를 꼭 챙겨 보세요. 형이 나올 테니까요. 시청각 장애인들은 더 이상 형의 커피숍으로 출근하지 않습니다. 칼 형님과 함께 술 한 잔 기울이며 뉴스를 보면 좋을 텐데 아쉽군요. 참, 형의 아들에게 형이 보고 있는 편지와 똑같은 편지를 보냈습니다. 지금 그 아이도 이 편지를 읽고 있습니다.

통증의 번역이 비록 완전하진 않아도, 의역과 얼마간의 오역이 있어도, 행간의 의미를 잘 살린 것이기를 바랍니다. 다시 햇살이 따사로운 봄입니다. 나는 오늘도 등으로 웁니다. 부디 무통한 나날 보내시길. ＊

조금 아는
사이

　P는 전화를 받고서야 그때까지 한마디도 말하지 않은 것을 떠올렸다. 상대방이 처음에는 담담하게, 여보세요, 다음번에는 약간 치켜 올라간 목소리로, 여보세요? 라고 불렀으나 P의 입술은 좀처럼 벌어지지 않았다. 응당 나와야 할 목소리가 입 밖으로 나오지 않아서 당황하고 있을 때 상대방은 약간 짜증 난 목소리로 여보세요, 를 두어 번 되풀이했다. 그러고는 잠깐의 침묵이 있었고 상대는 곧 전화를 끊어 버렸다.

　P는 입을 괜히 아, 에, 이, 오, 우 또는 음, 오, 아, 예 하며 크게 벌려 보았다. 마지막으로 소심하게 아, 하고 소리를 내 보았는데, 지하에서 지상 밖으로 힘겹게 올라온 목소리를 확인하고서는 놀란 가슴을 쓸어내렸다. P는 다시 발신자에게 전화를 걸어서 누구인지 모르는 상대가 전화를 받길 기다렸다.

그 때 P의 고양이가 불쑥 책상으로 올라와 노트북 옆에 놓은 맥주 캔을 앞발로 툭 쳐서 넘어뜨렸다. 고양이는 아무 일도 없던 것처럼 뻔뻔하게 사라졌고 겨우 한 모금 입을 댔던 맥주 캔은 땅으로 떨어져 나뒹굴었다. P는 내일 제출하기로 약속한 서류에 오줌이 물든 것처럼 맥주가 퍼져 나가는 것을 놀란 두 눈으로 지켜보았다. 맥주는 작은 연못을 이루기 시작했고 허겁지겁 걸레를 찾던 P는 발을 헛디뎌 그만 미끄러졌다.

그 사이 전화를 받은 상대방이 휴대폰 너머로 이상한 소리를 듣게 되었고, 그러나 P는 전화를 걸었던 것을 잠깐 잊었고, 그러므로 상대방은 여보세요, 를 또 혼자서 몇 번 외치다가, 이 사람 장난하나, 라는 혼잣말이 조금 큰 목소리로 흘러나왔을 때 P는 그제야 전화 걸어 놓은 것을 떠올렸다. P의 손에 다시 휴대폰이 들렸을 때 상대방은 이미 전화를 끊은 상태였고 P는 다시 어수선한 해프닝을 수습하는 동안 전화에 대해서는 잊어버렸다.

혼자 사는 P는 지난 나흘 간 집 앞의 무인 편의점에 들러 맥주와 몇 가지 간식을 샀던 일을 제외하고는 집에만 있었다. P는 반려묘와 함께 사는 자전적 이야기로 유명세를 타는 웹툰 작가였다. 그의 웹툰은 매번 인기 순위 상위에 링크되며 넉넉한 별점과 코멘트를 받았고 웹 커뮤니티나 방송에는 이른바 웹툰 짤이 돌아다니며 곧잘 인용되곤 했다. 그의 웹툰을 보지 않는 사람들도 한 번쯤은 P의 웹툰을 들어서 알고 있었고 내용은 모르더라도 웹툰 속 주인공의 얼굴만큼은 누구에게나 익숙했다. 웹툰의 주인공은 한 번 보면 잊을 수 없는 개성 있는 외양으로 그려졌다. P는 그를 내세워 현대인의 공감을 얻는 코믹함 속에 묘하게 뒤틀린 냉소적인 메시지를 섞어 전달했고, 출퇴근 지하철의 병든 닭 같은 사람들이 휴대폰을 붙들고 비실비실 웃게 만들었다.

그런데 P의 웹툰이 자전적 이야기임을 생각하면 주인공이 P의 모습과 닮을 법도 했으나 실제 그의 모습과는 전혀 다르게 그려 놓았다. P는 에밀 아자르Emile Ajar라는 가명을 쓴 소설가 로맹 가리Romain Gary나 오래전 얼굴 없는 가수의 콘셉트처럼 자신의 정체가 밝혀지지 않기를 바랐다. 그는 가족이나 주변 지인들에게도 웹툰을 그린다는 것을 말한 적이 없었고 다시 말해서 요즘 그가 무엇을 하는지 잘 아는 사람은 없었다. 사람들이 자신을 몰라주길 바란다는 것은 P의 얼굴을 알아채지 못하길 바란 것이었다.

가상의 인물인 웹툰 주인공은 세상에 존재하지 않는 얼굴이므로 누군가 P를 알아보고, 아, 그 웹툰 작가! 라고 말하는 사람은 없었다. 그것은 P가 요즘 시대에 소용없는 고전적인 신비주의 콘셉트를 갖고 싶어서가 아니라 타인의 시선에 걸리지 않고 자유로이 살고 싶다는 신념 때문이었다. 그는 유명인이 된 자신을 상상해 보곤 했는데, 길거리나 식당, 화장실에서 아는 척하며 다가오는 사람들과 그 사이에서 어쩔 줄 모르는 자신을 떠올리면 두 팔에 오돌토돌한 소름이 돋는 것이었다. 그렇게 김칫국을 마신 P는 그런 상상이 현실이 되기를 원하지 않았고 유명인이 되더라도 무명인처럼 사는 상상은 현실에서 그의 바람대로 이루어졌다.

P는 자신이 세상의 그 어떤 집순이와 경쟁해도 이길 수 있는 집돌이라고 생각했다. 그는 집돌이, 집순이 선발 대회를 뛰어넘

을 만한 일이 아니라면 집 밖으로 나가서 사람과 만나지 않았다. 집에서 그의 고양이와 함께 나른하게 뒹구는 일이 사람들의 시답지 않은 말을 듣거나 여자의 비위를 맞춰 가며 지지고 볶는 일과는 비교도 안될 만큼 평화롭고 좋았다. 자칭 혼자 노는 일의 달인이었고 오래전 연애를 끝으로 결혼 생각은 없는 P였다. 집 앞으로 식재료를 배달해 주는 서비스와 계속 읽어도 끝없는 수많은 책들 그리고 소중한 넷플릭스가 있는 세상에서 누군가와 함께하려 기 쓰며 외롭다는 사람들을 이해할 수 없었다.

더욱이 웹툰을 그리면서부터 누군가와 약속을 잡는 일은 거의 하지 않았고 웬만한 것은 손 안의 휴대폰에서 진행해도 충분했다. P는 며칠씩 집에 틀어박혀 웹툰을 그리는 일이 자신과 꼭 맞는 옷을 입은 것처럼 적성에 맞음을 깨닫고 드디어 인생의 참된 노다지를 발견했다고 생각하던 차였다.

그가 이렇게 된 것에는 더 이상 회사를 다니지 않겠다는 선언을 착실히 행동으로 옮겼기 때문이었다. P는 입사한 첫날부터 퇴사를 꿈꾸었다. 물론 그가 이런 생각을 하고 있던 것을 회사 사람들은 몰랐다. 워낙 있는 듯 없는 듯 지내며 꼭 필요한 말만을 하는 P를 두고 동료들은 알 수 없는 사람이라거나 사회성이나 친화력이 떨어지는 사람으로 평가하곤 했다. 그러나 일터에서는 끈적임 없이 쿨하게 일만 잘하면 된다고 생각한 P는 자신의 의사와 상관없이 부풀어지는 뒷담화에도 아랑곳하지 않고 타인에게는 일괄적으로 무관심했다.

시간이 흐르면서 P는 의외의 강적이라거나 사회생활의 진정한 고수라는 재평가를 받았으며 때로는 회사 대표가 심어 놓은 스파이라는 소문이 돌기도 했다. 어떤 상사들은 P가 어디까지 버티는지 보자는 식으로 교묘하고 악랄하게 괴롭혔다. P는 정글 같은 사무실에서 몰래 틈틈이 웹툰을 그리는 것으로 스트레스를 풀었으며 퇴근 후에는 얼른 집으로 가서 웹툰 그리는 일을 상상하며 회사 생활을 버텼다. 그렇게 모인 비밀스런 시간은 몇 개의 선과 점들만으로도 그럴싸한 그림이 나오게 했고 혼자서 뿌듯해하는 시간이 늘었으며 그와 비례해서 쌓인 근거 없는 자신감과 그간 회사에서의 내 수고는 나만 알면 되었다, 는 생각이 더해져 마침내 퇴사를 선언했다.

그러니까 스스로는 꼰대라고 생각하지 않는 꼰대 중의 꼰대인 K부장이 P를 지방으로 발령 내 버린 일 때문이 아니라, 자신은 언제나 오픈 마인드라고 이야기하고 뒤돌아서 다른 말하는 C동료의 역겨운 소리를 받아 낼 재간이 없어서가 아니라, P가 몇 번 쓱싹하면 탄생하는 재능 때문이라고 믿었다. 그렇게 시작한 웹툰은 세상의 복을 몰아 받은 것처럼 실패를 모르는 날개를 달았다.

L은 웹툰을 책으로 출간하자는 제의를 하려고 P에게 전화를 걸었다. 그녀는 홍대에서 서점을 운영하다가 신생 출판사를 차린 젊은 대표였다. L이 잘나간다고 알려진 서점을 접은 것에는 사진은 있는 대로 찍으면서 책은 절대로 사지 않는 사람들에게 질렸기 때문이었다. 시집 코너에서 휴대폰으로 줄기차게 내용을 찍는 젊은 남자에게 촬영 금지를 요청하면 뒤돌아서 기어이 찍고 #오늘의 시 #감성 충전 #시 읽는 남자 #여유 해시태그를 달아

서 인스타그램에 올린다든가, 같은 자리에서 마음에 드는 사진이 나올 때까지 백 장의 셀카를 찍는 젊은 여자들에게 이제 그만해 달라고 말했다가 사장님 서점 그만하고 싶으시냐는 말을 들었다. 그들이 서점을 나가며 인스타그램에 올린 사진에는 @언니!!! 여신이에요!!! 미쳤어요!!! 완존 존예 연예인!!! @어머~ 내가 울 이쁜이만 하겠니? 고마워:D @분위기가 너무 좋아서 저희 BEAUTY LOVER와 잘 어울리실 것 같아요. 연락주세요, 와 같은 답글이 줄줄이 달렸다.

L은 그런 일이 하루가 멀다 하고 반복되자 서점을 왜 하는지 깊은 회의감에 빠졌으며 책 장사인지 자원봉사인지 고민하다가 폐업을 결정했다. 그렇게 한동안 우울해하다가 기운을 차리고 책을 만질 수 있는 출판업으로 막 넘어간 참이었다. 그녀는 고전하는 출판 시장의 타개책으로 웹툰을 출간해 보자는 팀원들의 의견을 꽤 오랫동안 보류하다 최종적으로 받아들였다. 순수 문학을 주로 취급해 오던 L은 웹툰 출간이 어색하게만 느껴졌다. 그러나 곰곰이 생각하니 요즘 시대에 순수가 어디 있고 순수 문학이 아니면 불순 문학이라도 된다는 것인가 싶어서 요즘 가장 잘나간다고 추천 받은 P의 웹툰을 눈여겨보던 참이었다. 그러나 무엇보다 P의 웹툰을 보게 되면 자신도 어느새 스멀스멀 웃고 있음을 느꼈기 때문이었다.

업계 동료들 사이에서는 아직까지 P와 연락이 닿은, 그러니까 계약이 성사된 출판사가 없다는 소식을 접했고 L은 왠지 모르게 알싸한 냉소적인 포인트가 있는 P에게 도전하고 싶은 마음이 생겼다. L은 P의 연락처를 알아내기까지 다소 험난한 경로를 거쳤는데 드디어 알아낸 연락처는 의뭉스런 일만 남긴 것이었다. L은 P와 대화는커녕 아무런 목소리도 들어 보지도 못한 채 이상한 통화를 마치고 기분이 좋지 않아졌다. 자신과 닿은 사람이 P가 아닐 수도 있다고 생각하여 재확인 작업에 들어갔으나 N사 포털 사이트에 재직 중인 S선배로부터 P가 맞다는 답변을 듣고 다시 생각에 빠졌다.

L은 P의 연락처를 입수하기 전 일찍이 웹툰 작가의 인스타그램을 탐색한 적이 있었다. P의 인스타그램 어디에서도 그의 얼굴이나 일상 같은 사생활이 담긴 사진이나 어떤 사람인지 유추할 수 있는 단서는 전혀 발견할 수 없었다. P의 스케치 작업과 그가 작업을 위해 쓰는 몇몇 사물들, 그와 함께 사는 고양이의 뒷모습이 멀리서 찍힌 사진들만 조금 공개되었을 뿐이었다. 그마저도 드문드문 올린 사진이었고 최근 3개월간 P의 동향은 인스타그램을 통해서 알 수 없었다. P를 팔로우 하는 사람은 수십만을 가리켰으나 P가 팔로잉 하는 사람은 0명이었고 P에게 DM을 보냈으나 예상대로 응답은 없었다.

그러던 중 어렵게 P의 휴대폰 번호를 입수하고 이번에는 카톡으로 P의 프로필을 살펴보았다. 그의 카톡은 어떤 사진도 없는 기본 프로필이었고 상태 메시지에는 마침표 하나만 있을 뿐이어서 P가 카톡을 실제로 이용하는지 아리송했다. L은 카톡이나 문자를 보내는 것이 좋을까 망설이다가 P에게 곧장 전화를 걸어 보았던 것이다. 그러나 아무 소리 없이 끊긴 전화 뒤에 다시 걸려

온 전화에서 또 아무런 목소리를 듣지 않는 일이 과연 일반적인가 생각했다.

그러다 P라는 사람은 제정신인가, 장막 속에 가려진 그는 타인들이 알지 못하는 이상한, 예를 들어 변태 성향을 지닌, 사람은 아닐까 추측했다. 이미 L의 머릿속에는 P가 상식적이지 않은 인물로 자리 잡기 시작했고 P와는 과연 일이 진행될 수 있을까 생각하니 급격한 피로감을 느꼈다. 이후 더 이상 연락이 없는 상대를 보며 그것은 P의 보이지 않는 마음의 태도라고 여겼고 L은 어쩐지 P와의 접촉이 더 내키지 않게 되었다. 그래서 웹툰 출간 건은 잠시 미루자고 생각했다.

P가 미지의 전화를 다시 떠올린 것은 엄마가 P의 생사 확인을 위해 보낸 문자 때문이었다. 너는 죽었는지 살았는지 소식도 없고 아무런 대답도 없구나, 라는 메시지를 보았을 때 아무런 대답을 하지 않았던 얼마 전 전화가 생각났다. 누구인지 모르는 상대와 어떤 커뮤니케이션도 없이 통화가 종료되었고 다시 연락을 취하지 않은 상태였다. P는 자신이 예의가 없었음을 알면서도 급하면 알아서 연락이 오지 않겠냐는 나태함을 보였다. 그러다 슬며시 미지의 상대가 누구인지 궁금해졌고 기억을 돌이켜 보니 여자 목소리였던 것을 떠올렸다. P는 자신의 번호를 아는 사람이 별로 없을 터인데 갑자기 모르는 여자에게 연락을 받았다니 그 정체가 더욱 궁금해졌다. 그래서 미지의 수신 번호를 찾아 '어떤 여자'로 저장하고 카톡에서 어떤 여자의 프로필 사진을 확인해 보았다.

혼잣말도 좀처럼 하지 않는 P가 입 밖으로 헉 소리를 내며 깜짝 놀랐는데 그 어떤 여자는 고등학교 시절 고백한 자신을 찼던 L이었기 때문이었다. 세월이 흐르긴 했지만 P는 L의 얼굴을 단번에 알아보았다. 그때와는 달리 화장을 하고 성숙한 느낌이 묻어날 뿐 P가 알던 그 옛날 고등학생 L의 모습이 여전히 남아 있었다. P는 자신의 인생에 L이 다시 나타날 것이라고는 꿈도 꾸어 본 적이 없을 뿐만 아니라 '어떤 여자'로 저장된 사람이 바로 L이었고 그녀가 자신에게 전화를 걸었으며 자신과 아무런 대화를 하지 않은 채 전화가 끊겼다는 사실에 마음이 싱숭생숭해졌다.

P는 웹툰 작업을 접어 두고 본격적으로 휴대폰과 한 몸이 되었다. L의 카톡 프로필 사진은 책들이 가득한 곳에서 턱을 괴고 활짝 웃는 사진이었다. 과거 프로필 사진들의 흔적을 살피니 유럽 여행지에서 점프하고 있는 사진이나 콘서트에서 열광하는 모습 같은 것들이 보였다. 평범한 일상의 사진들을 하나씩 넘기다가 문득 결혼했을까, 라는 궁금증이 들었고 결혼을 했으면 어쩔 것이고 하지 않았으면 어쩔 건데, 라는 생각이 곧 따라왔다.

P는 다른 사진들을 마저 넘겨 보다가 온라인 관음증 환자가 된 것처럼 느껴지기도 했으나 L의 사진을 들춰 보는 일을 멈출 수 없었다. 적어도 그 사진들에는 L이 남자와 찍은 사진은 없었고 그녀의 독사진들은 남자가 찍어 준 것일 수도 있지만 특별히 결혼을 했다거나 연애 중이라는 느낌은 받지 않았다. P는 그런 것까지 생각하는 스스로에게 놀라며 풋풋한 그 시절 L을 정말 많이 좋아했고 고백하지 않고서는 견딜 수 없었던 오래전의 자신을

떠올렸다.

　말주변이 없고 숫기 없는 P는 L의 주변을 맴돌며 L을 보는 재미로 학교를 다녔다. L은 약간 도도하면서 발랄한 학생이었고 학교의 각종 행사에서 자주 보이던 인물이었다. P가 L에게 반한 것은 의외의 모습 때문이었다. L은 찰랑거리는 긴 머리를 질끈 묶고 가만히 앉아서 공부만 할 것 같은 이미지였는데 체육 시간에 반전의 모습을 보였고 그 장면을 P가 목격하였다.

　그때는 농구 골대에 공을 넣는 체육 실기 시험을 치르던 기간이었고 P는 체육관 청소 당번으로 맡은 구역 뒷정리를 마치고 막 나서려는 참이었다. 다른 여학생들이 골을 넣는 듯 마는 듯 어설픈 공놀이를 하고 있을 때 L이 시원하게 공을 바닥에 치면서 거침없는 스텝으로 나아가는 모습을 가까이서 보게 된 것이었다. 목표한 골대를 두고 어느 각도에서든 연달아 세 번이나 슛을 성공시키는 L에게 친구들은 환호성을 보냈고 P는 자신도 모르게 입을 벌리고 그 자리에서 박수를 쳤다. 슛을 성공시키고 돌아서서 활짝 웃는 L의 모습은 P에게 정지 화면이 되어 뇌리에 남겨졌고 이후 P의 머릿속에서는 L이 떠나지 않았다. P는 평소 이상형으로 생각한 타입과는 다른, 게다가 우연한 타이밍에 L의 의외성에 관심을 가지게 된 낯선 자신에게 놀랐다. 이후 어떻게든 L과 마주치기 위해 애를 쓰는 자신을 발견했고 그러나 막상 L을 마주치면 어떻게 다가가야 할지 몰라서 속앓이를 했다.

　그러나 L에게 P는 모른다고는 말할 수 없는 존재였을 뿐 당시 P가 자신을 좋아하고 있을 거라고는 짐작조차 하지 못했다. 어느

240

시점부터 P와 마주치는 일이 우연치고는 많다고 느낀 정도였으며 교무실에서 가끔 선생님께 공동 업무를 지시받고 잠깐 소소한 일을 같이 한 정도였다. L은 P와 서로 안면이 있고 이름은 알았지만 제대로 이야기를 나누어 본 적도 없었고 같은 반에서 공부를 한 것도 아니었으므로 P가 자신을 안다고 생각하지 않았다.

그러나 P는 열병을 앓듯 누군가를 좋아해 본 일이 처음이었고 L이 첫사랑이자 짝사랑의 존재였으며 어떻게 다가가면 좋을지 골몰한 나머지 L과 친해지며 이른바 아는 사이가 될 기회를 자꾸만 놓쳤다. 그러다가 해가 바뀌어 새 학년이 되었고 서로의 간격은 더 좁혀지지 못하다가 터질 것 같은 P가 엉뚱한 상황에서 L에게 좋아한다고 고백을 했다. P는 여자에게 고백한다는 것은 강동원이나 조인성이 아닌 이상 요즘 말로 썸을 탄 상태에서 상대도 자신을 좋아하는 눈치가 있을 때 더 늘어지기 전에 던져야 하는 것을 몰랐다. 그저 이대로 시간이 흘러 학교를 졸업하면 L을 더 이상 못 볼지도 모른다는 생각에 마음만 급해졌다. 그리고 주위 담지 못할 만큼 흘러넘치는 L에 대한 생각을 이제는 L이 알아주길 바라게 되었다. P에게 L을 향한 사랑이란 곧 L에 대한 생각이었고 그 생각 안에 빠져 버린 P의 사랑은 L과 알아 가는 단계를 훌쩍 건너뛰어 버리고 자신만 앞서 나갔다. 그러다 하굣길에서 우연히 마주친 L에게 불쑥 널 좋아한다고 말했다가 단번에 퇴짜를 맞은 것이었다.

널 좋아해, 라는 말을 들은 L은 휘둥그레진 눈으로 더 말을 잇지 못했다. L은 오늘이 만우절인가 생각했다가 P가 친구들과 내기 게임 같은 것을 하고 있는 것인지 의심했다. 그러나 P의 입에서 오랜 시간 동안 널 지켜보았고 좋아한다는 말이 다시 흘러나왔을 때 L은 기분이 좋다거나 설레지는 않았다. 아니 그렇게 오랜 시간 지켜보았다는데 알아챌 수 없었다는 것도 이상했고 P는 자신 몰래 약간 스토킹 같은 것을 하고 있던 것은 아니었나 생각하니 소름이 돋았다. 결과적으로 L은 P에 대해서 한번도 생각해 본 적이 없었기 때문에 P가 어렵사리 꺼낸 고백은 실패의 수순을 밟았다. 그 이후 P의 고백은 흐지부지되었고 둘은 어쩐지 더 이상 마주치지 않고 멀어졌으며 졸업하면서 서로 그 일을 잊게 되었다.

그로부터 오랜 시간이 흘러 P는 어떤 여자 L의 정체를 우연히 알게 되었다. 그러나 L이 자신에게 왜 전화를 했는지 알 수 없어서 궁금증이 일기 시작했다. L은 자신이 공략하는 웹툰 작가가 P라는 것을 알고 있었지만 그 P가 옛날에 뜬금없이 자신에게 고백한 P라는 것은 알지 못했다. 만약 P가 L의 정체를 몰랐다면 지나간 일로 흘려 버릴 과거의 통화를 다시 끄집어내어 이렇게 L을 다시 생각하게 될 일은 없었다. P는 무슨 연유로 L이 자신에게 연락을 했는지 그리고 자신이 그 옛날의 P라는 것은 아는지 알아보고 싶었다. 그리하여 P가 또 한 번 인생의 뜬금없는 타이밍에 L에게 문자를 남기게 되었다.

대답 없는 통화를 주고받은 지 반달 만이었다. 통화가 실례일 것 같아서 문자를 남겨 드린다, 지난번에는 급한 일이 있어서 본의 아니게 제대로 통화를 못했다, 너무 늦게 연락드려 죄송하다는 말과 함께 누구시냐고 물었다. P는 그렇게 타이핑을 하는 자신이 가소롭게 느껴졌다.

L은 P의 문자를 받고 유보했던 P의 웹툰 출간 섭외 건과 얼마 전 P와의 이상한 통화를 떠올리고 생각에 잠겼다. 사실 P로부터 문자를 받지 않았다면 L은 저만치 제쳐 둔 웹툰 출간 건을 다시 진지하게 고려하지 않겠다고 생각하던 차였다. L은 P의 문자를 확인했지만 바로 답하고 싶지는 않아졌다. L은 지난 5년 간 서점을 운영하며 이런저런 사람들을 겪었고 어느덧 사람을 가리게 되었는데, 어떤 사람인지 모르는 P와 커뮤니케이션 하는 일을 상상하는 것만으로도 감정이 소모되는 것처럼 느껴졌다. 웹툰을 보았을 때는 P가 친근하고 유쾌한 캐릭터일 것이라 짐작했으나 P와의 전화 접촉은 친근하거나 유쾌하지도 기본 예의도 없다고 생각했으므로 P에 대한 이미지는 그녀의 머릿속에서 완전히 바뀌어 있었다. L은 그간 저자의 인간 됨됨이와 좋은 말들을 써 내려간 책의 내용이 서로 불일치하고 어긋나는 사례를 종종 겪은 일을 떠올리며 웹툰 작가 P도 자신의 본모습을 감춘 가식적인 사람일지도 모른다는 생각을 했다. 그래서 더 이상 내키지 않는 L이 P를 긍정적인 비즈니스 상대로 생각하려면 그들 사이에 다른 사건이 일어나야만 하는 상황이었다.

L은 P에게 답장을 한다면 어떻게 하면 좋을지 고민에 빠졌고 뾰족한 답이 나오지 않자 처음에 P를 추천했던 팀원들을 소집하여 의견을 들어 보았다. 그들은 P가 수락하거나 거절할 경우의 플랜 B까지 꼼꼼하게 제안하며 L을 설득했고, 대표님 기왕 연락

닿은 것 끝까지 가 봐요, 밑져야 본전입니다, 라는 팀원들의 의견에 그렇다면 제안이라도 해 보자는 쪽으로 결론이 내려졌다. L은 P가 거절한다면 자신이 N 포털 사이트 S선배에게 소개를 받았으며 해외 수출을 위한 기획 출간 제의도 포함하니 만나서 차 한 잔 하자고 말하는 것까지만 해 보자고 생각했다.

하지만 업계 소문대로 P가 쉽사리 웹툰 출간 건에 흥미를 갖거나 수락하지는 않을 것이라 생각했다. 그래서 L은 P와의 접촉에 별다른 기대를 하지 않았고 무엇보다 P의 대답 없는 첫인상이 강렬했기에 P가 무엇을 하더라도 그의 이미지는 바뀌지 않을 것이라고 생각했다. 생각이 정리된 L은 P에게 문자가 온 지 다섯 시간 만에 짧은 답장을 보냈다.

안녕하세요, 웹툰 작가 P님 맞으시죠? 저는 연희책공장 대표 L입니다. 웹툰 출간 제의 건으로 연락드렸는데 당시 통화가 잘 안 되었네요.

P는 L의 문자를 받고 한동안 생각에 빠졌다. 문자로 미루어 보건대 L은 자신이 그 옛날의 P라는 것을 알지 못하는 것 같았고 L이 자신에게 연락한 것은 출판사 대표로서 책 출간을 제의하려는 것임을 알게 되었다. P는 인생은 참 알다가도 모르는 야릇한 상황에 직면했다고 느꼈고 모든 패를 쥐게 된 P는 어떻게 할 것인가 골몰하기 시작했다. 모든 궁금증은 가라앉았으나 P의 두근거리고 심란한 마음만은 좀처럼 가라앉을 줄 몰랐다. 그동안 P는 간간이 제안 받은 웹툰 출간을 거절해 왔고 웹툰 작가로 외부

에 노출한 일도 없었기에 평소대로라면, 웹툰에 관심 가져 주셔서 감사합니다, 그러나 저는 웹툰을 책으로 출간할 생각이 없습니다, 양해 구합니다, 와 같은 답장을 보내면 되었고 그것은 어려운 일이 아니었다.

그런데 이번에는 무언가 달라져야 할 것처럼 느껴졌다. 그 옛날을 떠올리면 이불 킥하고도 남을 사건의 한복판으로 돌아가 짝사랑했던 L을 한 번 보고 싶어서였는지 아니면 웹툰 출간과 외부 노출에 대한 신념에 갑자기 변화라도 생긴 것인지는 알 수 없었다.

P는 L이 언급한 연희책공장을 인터넷으로 검색하다가 출판사 인스타그램을 발견하고 접속했다. 출판사 인스타그램에서 L의 개인 계정으로 보이는 인스타그램에 다시 접속하게 되었는데 공개 계정이어서 L의 사진들을 한참 탐색하는 시간을 가졌다. 소소한 일상을 담은 L의 인스타그램에서 P의 눈에 띄는 것은 별달리 찾을 수 없었다. 인스타그램으로 미루어 보건대 P는 L이 자기 분야에서 성취를 이루며 사는 워크홀릭이며 싱글이고 가끔 여행을 가면서 문화생활을 즐기는 사람이라고 짐작했다. 그렇게 여러 번 사진을 들여다보니 L이 어쩐지 친숙해졌고 그래서 이제 잘 아는 사람이 된 것만 같았다. 문을 열고 집 밖을 나가서 L과 마주치기라도 한다면 곧장 아는 척하면서, L, 주말에 좋은 곳 갔었네?, 친구들과 같이 저녁 먹은 곳은 어디야?, 지난 작가와의 대화 행사는 어땠어? 와 같은 질문들을 불쑥 할지도 모를 지경이었다.

그러다 P는 L이 자신 앞에 다시 등장한 것은 보통 인연이 아니

고 오래전의 자신을 L이 기억하는지 알고 싶어졌으며, L과 고등
학생이 아닌 새로운 입장으로 만나서 역전이 되는 운명 같은 상
황을 흘려 버리고 싶지 않아졌다. P는 온갖 이유를 끌어 대어 자
신은 L을 만나야 하는 인생의 한복판에 서 있고, 웹툰 출간이라
는 것은 L의 말을 들어 보고 결정할 수도 있는 것이 아니냐는 생
각에 다다랐다. P는 퇴사 이후로 오랜만에 다시 결심이란 것을
하고서 L에게 이렇게 답장을 보냈다.

안녕하세요, L 대표님. 네, 저는 웹툰 작가 P입니다. 웹툰 출간 제의를
해 주셔서 감사합니다. 지난번에는 실례가 많았습니다. 그럼 만나 뵙
고 대표님의 말씀을 들어 볼까요?

L은 P의 답장을 보고 화들짝 놀랐다. P가 이토록 쉽게 긍정적
인 답장을 줄 것이라고는 전혀 예상하지 않았기 때문이었다. L은
P가 예상대로 거절하여 웹툰 출간 건은 없었던 것으로 하는 쪽
을 내심 바라던 차였다. 그런데 P가 출간 제의를 해 주어 감사하
고 만나서 말을 들어 보자며 진도를 순식간에 다 빼 버린 것이었
다. L은 P의 답장을 팀원들과 공유했는데 팀원들도 P의 반응에
놀라움을 금치 못하다가 역시 대표님의 화법에는 놀라운 마력이
있다면서 어떻게든 L이 P와 만남을 추진하도록 자꾸 비행기를
띄웠다. L은 그런 팀원들의 속내를 모르는 것은 아니었으나 어쨌
든 기분이 나쁘지는 않았고 이제부터는 P와 정말 만나게 될 일에
대해서 생각해야 했다.

L은 계약 성사에 대한 팀원들의 기대에 어깨가 무거워졌다. 일단 유명 웹툰 작가의 책을 출간한다면 홍보 마케팅은 이미 절반은 성공한 것이었고 신생 출판사에서 대박을 칠 수 있는 절호의 기회이기도 했다. L은 마음을 가다듬고 P의 웹툰을 처음부터 최근 연재된 내용까지 공부를 하다시피 복습했다. L은 웹툰이 P의 자전적 이야기였으므로 P의 외양은 당연히 웹툰 속 주인공의 모습일 것이라 생각했다. P의 웹툰을 여러 번 훑다 보니 P를 우연히 마주친다면 단번에 P를 알아볼 수 있을 것만 같았고 웹툰에 등장하는 개성 있는 고양이도 어디선가 만나면 바로 알아볼 수 있을 것 같았다. L은 웹툰 주인공의 자전적인 이야기를 잘 기억하고 있다가 대화의 적절한 타이밍에 활용하면서 내가 이렇게 당신의 웹툰에 관심이 많고 우리 출판사와 꼭 계약을 하지 않으면 안 될 것 같은 생각을 P에게 심어 주어야겠다는 생각을 했다.

그들은 일주일 후 연희동의 잘 알려지지 않은 카페에서 오후 나절에 만나기로 약속을 잡았다. L은 여차하면 만나서 바로 계약을 해 버리자는 생각으로 제안할 계약서와 몇 가지 서류들, 해외 수출용 기획 출간 자료들을 준비했다. P는 그 옛날 고등학생이었던 추억 속 L과의 만남을 기대하며 괜찮은 옷을 구입하러 직접 두 발로 쇼핑몰에 방문하고 머리 스타일도 새롭게 바꾸는 진일보의 시간을 가졌다. P의 고양이는 갑자기 달라진 P를 못 알아보고 앙칼진 소리를 내었으며, P가 나 맞아, 네 주인이야, 라고 말했을 때 고양이는 갑자기 왜 그러냐는 눈빛으로 P를 쏘아보았다.

약속한 날 L은 카페에 일찌감치 도착하여 오늘의 회의 내용을 사전 브리핑하고 있었다. 십 분 전에 도착한 P는 카페에 곧장 들어서려다 거울을 파는 카페 옆 가게를 발견하였고 거울에 관심 있는 사람처럼 돌아보는 척하면서 자신의 외모와 옷태를 점검하고 새로 바뀐 머리도 몇 번 쓱 만져 보았다. 아무래도 바뀐 스타일에 잘 적응이 되지는 않았지만 P는 이만하면 괜찮은 모습이라고 생각했다. P가 웹툰 작가로 외부에 노출되는 것은 처음이었으므로 평소와 같다면 잔뜩 긴장하면서 마음이 수십 번은 엎치락뒤치락하고 있을 텐데 P는 L과의 오랜만의 조우 앞에서 그런 마음은 다 지워 버린 듯했다. L이 자신을 알아본다면 어떨지 상상하니 심장 소리가 밖에까지 들리는 것 같았고 그러나 이번에는 기필코 L과 제대로 대화하자며 마음을 달래는 것이었다.

P가 카페 문을 열고 조심스레 들어서자 두 명의 여자 손님이 보였다. 아직 약속 시간이 남아 있어서 L이 아닐 수도 있다고 생각했다. 만약 그들 중 한 명이 L이라면 어느 쪽일지 고개를 좀 더 빼고 지켜보았다. 그때 무심코 고개를 든 L은 카페 입구에서 막 들어온 남자와 눈이 마주쳤는데 당연히 자신의 손님 P가 아니라 다른 손님일 것이라 생각했다. 그래서 다시 머리를 숙이고 서류를 훑는 일을 계속했다. L이 웹툰에서 본 그 주인공의 얼굴은 분명히 아니었기 때문이었다.

P는 L이 고개를 들었기 때문에 L의 얼굴을 정면에서 보게 되었고 간신히 잠재운 심장이 급작스레 요동치는 것을 느꼈다. 이렇게까지 떨릴 줄은 몰랐는데 첫사랑이자 짝사랑의 힘이란 이토록 큰 것이었나 생각하며 재킷을 부여잡고 L 앞으로 천천히 걸어

갔다. 여전히 고개를 숙인 채 서류를 검토하는 L 앞에서 P가 머뭇거리자 L은 다시 고개를 들었다. L은 잠깐 무심하게 쳐다보았다가 고개를 다시 거두었는데 이상하게 어디서 본 것만 같은 얼굴이라는 생각이 들었다. 고개를 다시 숙인 L은 앞에 서 있는 사람의 얼굴이 왜 낯이 익을까, 어디서 보았던 걸까 빠르게 기억을 더듬기 시작했다. L은 분명히 어디서 본 얼굴인데 생각이 나지 않아서 답답해졌고 아는 사이인데 자신이 기억을 못하는 것이라면 실례일 것이 걱정되었다.

그러다 앞에 서 있는 남자를 다시 쳐다보았고 오래전의 언제쯤으로 테이프가 되감기를 시작했으며 어, 어, 하면서 자신도 모르게 손을 들고 자신 앞에 서 있는 남자를 가리켰다. L이 저기, 혹시, 어, 라는 짧은 단어들을 내뱉었을 때 P가 너 B 고등학교 L이지? 라고 불쑥 말했다. L은 얼떨떨하게, 맞는데요, 라고 답하며 B 고등학교를 떠올렸고 그때 같은 반이었던 친구인가 생각하다가, 하굣길에 뜬금없이 자기를 좋아한다고 말한 P를 마침내 기억해냈다. L은 어안이 벙벙해져서 어, 어, 를 반복하던 입은 잘 다물어지지 않음을 느꼈다.

P는 괜찮으면 잠시 앉아도 될까? 라고 물었고 L은 시계를 한번 쳐다본 후, 어, 어, 그래, 아직 약간 시간이 있어, 라고 어버버하게 대답했다. 놀라서 P를 빤히 쳐다보는 L에게 P는, 오랜만이다, 나 P야. B 고등학교 때 생각나니? 라고 물으니, L은 다시 얼떨떨한 표정으로, 어, 어, 생각이 났어, 어디서 본 얼굴이라고 생각했는데, 그래, 아마 아는 사이가 아닐까 생각했는데 바로 생각

이 나지 않았나 봐, 라고 답했다. 그 말에 P는 씩 웃는 것으로 대답을 대신했다.

L은 간신히 정신을 차리고 이런 우연이 있네, 참 신기하다, 라고 말했고 P는 그러게, 재미있는 우연이네, 라고 답을 했다. L은 이어서, 여긴 어쩐 일이야? 약속이 있나 봐? 라고 물었고 P는 응, 곧 약속이 있어, 너는? 이라고 말하니 L이 응, 나도 약속이 있어서 누굴 기다리던 참이었어, 라고 답했다. 그리고 잠시 어색해진 기류에 P와 L은 둘 다 시간을 확인했고 그들의 약속 시간이 가까워졌다. P가 L에게, 뭘 그렇게 열심히 보는 거야? 라고 넌지시 물었더니 L은 아, 오늘 계약 건이 있어서…, 라고 말을 하고 끝을 얼버무렸다. P는 혹시 네가 연희책공장 대표니? 라고 물었는데 L은 응, 이라고 대답하려다가 소스라치게 놀라서 손을 입에다 가져다 대고 더 이상 대답하지 못했다.

P: L, 나 웹툰 작가 P야.

L: 말도 안 돼….

P: 왜 말이 안 돼, 오랜만이다, L.

L: 세상에 맙소사….

P: 여전하구나, 넌. 반갑다, L

L: 사실 지금 머리가 뒤죽박죽이라 뭐라고 말을 해야 할지 잘
   모르겠어.

P: 그래, 나도 얼떨떨하고 신기하고 그래.

L: 아니, 넌 그래 보이지 않아, 그렇다고 하기엔 너무 침착해.

준비되어 있는….

P: 들켰나, 나 사실 네가 L인 거 알고 있었어.

L: (눈이 휘둥그레지며) … 뭐?

P: 처음부터 네가 L인 걸 알았던 것은 아니야.

L: (뒤통수 맞았다는 듯한 표정으로) 그럼 내가 출판사 L인걸 알고 있었단 말이야?

P: 응, 그래. 너 보고 싶어서 나왔어, 사실.

L: 언제부터 나인 걸 알았어? 아니, 참, 너 나랑 처음에 전화 통화한 거 기억나?

P: 응, 그땐 미안했어.

L: 왜 아무런 대답도 안 하고 다시 나에게 전화해서 아무 말도 안 했어? 난 그때 네가 이상한 사람이라고 생각했어.

P: (낮은 목소리로 웃으며) 이해해. 이상한 사람이지, 충분히. 일부러 그랬던 건 아니야, L.

L: 아니, P. 이해가 가도록 설명을 해 줘야지. 전화를 걸었는데 대답을 안 하고 다시 전화 건 사람이 대답을 안 하는 경우가 어디 있니? 장난 전화의 최신 버전이야?

P: 그게… 정말 일부러 그런 건 아니야. 이야기를 하자면 좀 어처구니가 없어.

L: 그래도 말해 봐. 들어나 보자.

P: 내가 그 소재를 다음 웹툰 회차에 쓰고 싶은데. 그걸 보는 건 어때.

L: (약간 어처구니없다고 느껴져 웃으며) 와, 너 P 맞니? 이렇게

말을 잘했나?

P: (약간 멋쩍은 표정으로) 말을 잘하는지는 모르겠고 웹툰을 쓰다 보니 말솜씨가 늘었나 보네, 허허.

L: 와, 난 네가 이렇게 말을 잘하는 줄 몰랐어, 고등학생 때, 너는….

P: 그런가, 하하. (화제를 급히 전환하며) 우리 뭘 좀 마시자, 뭐 마실래?

L: 나 참… 이게 무슨 상황인지, 난 아메리카노.
(P가 음료를 주문하여 받아 들고 다시 자리로 돌아온다.)

P: 넌 하나도 안 변했어. 그대로야.

L: 아… 그래? 그런데, P. 난 네가 웹툰 작가일 거라고 전혀 상상 못했어. 네가 카페 들어올 때.

P: 그렇겠지?

L: 아니, 웹툰이 자전적 이야기라며. 그럼 당연히 웹툰 주인공이 작가일 테고, 그 얼굴과 외양이 네가 아니잖아.

P: 그래, 나랑은 완전히 다르지.

L: 뭐야, 얼굴은 자전적이 아니네, 나 참….

P: 그러게, 사람들이 날 알아보는 것이 싫었어. 이렇게 외부로 노출한 것도 사실… 많이 용기 낸 거야. 정말.

L: 그랬구나. 업계에서 널 궁금해 하는 사람들이 얼마나 많은데.

P: 그런가.

L: 난 사실 지금 이게 뭔지 잘 모르겠어. 이렇게 대화하고 있는 상황이 뭔지 아직 정리가 잘 안 되고 있나 봐.

P: 그래, 흔치 않은 일이긴 하다. 인생이 뭐, 예상대로 말끔하게 딱 떨어지는 일보다 갑자기 다른 장면이 등장하면서 획, 전환되는 것들이 많잖아.

L: 넌 정말 많이 변한 것 같아. 이렇게 말을 잘하는 사람이었다니.

P: (멋쩍은 표정으로 미소 짓다가) 난 평소에 과묵해, L. 다음 웹툰을 꼭 봐.

L: 오늘 웹툰 작가 P와의 약속이 이렇게 흘러가다니. 난 지금 어떤 연출가가 고안한 연극 무대에 영문도 모르고 후다닥 들어온 사람인 것 같아.

P: 재미있는 표현이네. 하는 일은 재미있니?

L: 음. 재미있다가 어렵다가의 반복이지 뭐. 참, 너 아까 대답 안 했어. 언제부터 내가 B 고등학교 L이란 걸 알았던 거야?

P: 통화 그렇게 되어 버리고 한참 있다가 이상하게 네 번호를 저장하고 싶었어. 그러다 카톡에 들어가 봤지.

L: 아하…, 아….

P: 꼭 염탐하려던 건 아니야. 프로필 보니까 그 옛날 B 고등학교 L이더라고.

L: 아….

P: 기분 나쁘니?

L: 아니, 뭐. 그랬구나, 그렇게 알았구나. 난 가끔 카톡이 무서워. 그래도 pleasant surprise라고 생각해.

P: 그래, 만일 너인지 몰랐다면 우리가 지금 이렇게 카페에서

이야기 나누고 있는 일이 없을지도 몰라.

L: 아… 그런 거야? 생각해 보니 나도 네 카톡이랑 인스타그램 들여다봤었네. 그런데 너에 대해서 아무것도 알 수 없었어.

P: 후후, 어쨌든 반가워, L. 궁금했어. 난 알다시피 이렇게 웹툰 작가로 지내고.

L: 나는 책 만들고 있고.

P: 그 이외에는 어떻게 지내는 거야?

L: 음, 내 사생활을 묻는 거니?

P: 결혼은 안 한 것 같던데. 남자 친구는 있고?

L: 하하, 왜? 내가 그렇게 보여?

P: 응. 결혼 안 했잖아.

L: 아니야, 나 결혼해서 딸 아이 한 명 있어.

P: (예상치 못한 대답에 당황하여 잠시 머뭇하다) 응?

L: 내가 아직 미스로 보이다니 고맙다 P.

P: (당황한 목소리로) 너 정말 결혼한거야?

L: 응, 5년 전에 마음 잘 맞는 사람 만나서 결혼했고 딸은 이제 4살이야. 사실 결혼하게 될 줄 몰랐어.

P: (약간 따지듯) 그런데 왜 카톡이랑 인스타그램에 남편이랑 아이 사진은 안 올렸어?

L: 응? 너 그새 내 인스타까지 염탐한 거야? 하하….

P: 아니, 염탐은 아니고…. 결혼하고 아이 있으면 가족사진 많이 올리잖아?

L: 아… 아이는 노출되는 것을 원하지 않을 수도 있으니까. 딸

한테 올려도 되냐고 물어보지 않았거든.

P: 아… 생각해 보지 못한 지점이네.

L: 난 누가 마음대로 내 사진 올리는 게 싫더라고. 엄마가 마음대로 할 권리는 없잖아.

P: 가족 초상권을 생각했네. 요즘 험한 세상이기도 하니까.

L: 응, 우리 가족 계정은 비공개로 따로 있어.

P: 그렇구나…. 난 네가 결혼한 줄 몰랐어.

L: (살짝 웃으며) P, 내가 실망시킨 거야?

P: 아니, 뭐.

L: 이렇게 너와 많은 말을 하게 되다니, 참 신기하다.

P: 그래, 약속 잡고 만나길 잘했네.

L: 응, 무슨 말인지 알 것 같아.

P: 웹툰 출판은 왜 하고 싶니?

L: 참, 이제 그 이야기 해야겠다. 난 네가 우리와 계약을 해서 좋은 책을 내었으면 해.

(그때 L의 지인이 카페에 들어와서 L과 눈을 맞추고 아는 척을 한다. 흘끗 P를 쳐다보고 L에게 무슨 사이냐고 묻는다.)

L: 아, 우리 작가님. (약간 장난스러운 얼굴로 P를 쳐다보며) 음, 일로 만난 사이?

P: 음…, 조금 아는 사이? *

촉각,
그 소외된 감각의 반격

1판 1쇄 인쇄 2019년 12월 4일
1판 1쇄 발행 2019년 12월 9일

지은이 유려한
발행처 도서출판 혜화동
발행인 이상호
편집 권은경

주소 경기도 고양시 일산동구 위시티 4로 45, 405−102(10881)
등록 2017년 8월 16일 (제2017-000158호)
전화 070-8728-7484
팩스 031-624-5386
전자우편 hyehwadong79@naver.com

ISBN 979-11-90049-07-8 03100

* 책값은 뒤표지에 있습니다.
* 잘못된 책은 바꾸어 드립니다.

후원: 휴먼시티 수원   수원문화재단

이 책은 수원시와 수원문화재단의 문화예술발전기금에 선정되어 지원받아 발간되었습니다.